GOLDMANN
Lesen erleben

Buch

Dies ist ein Buch über die Liebe. Über Frauen und Männer. Über die Sehnsucht nach Liebe und die Kraft der Liebe. Und es ist ein Plädoyer gegen die Vernunft. Die Botschaft der Bestsellerautorin Sabine Asgodom lautet: Liebe sieben Tage die Woche, 24 Stunden lang. Ziel ist es, mehr zu lieben und mehr Liebe zu bekommen, aber auch mehr zu riskieren. Dieses Buch erzählt davon, wie Liebe entsteht, wie sie neu auflodern und weiterglühen kann, auch noch nach Jahren. Daneben gibt Sabine Asgodom viele persönliche Gedanken, Beispiele, Erfahrungen, Erkenntnisse, Ideen und Anregungen preis, die Sie anstiften wollen zum Glücklichsein. Also: Lassen Sie sich auf die Liebe ein, gehen Sie verschwenderisch mit ihr um, und leben Sie so Ihr eigenes Glück!

Autorin

Sabine Asgodom ist eine der bekanntesten Vortragsrednerinnen und Management-Trainerinnen Deutschlands. Laut Financial Times zählt sie zu den 101 wichtigsten Frauen der deutschen Wirtschaft. Ihr Bestseller *Lebe wild und unersättlich!* stand über ein halbes Jahr auf der *SPIEGEL*-Bestsellerliste. In dieser Zeit hat sie selbst auch ihre zweite große Liebe kennengelernt und Lust bekommen, diese Himmelsmacht mit ihren Leserinnen zu teilen.
www.asgodom.de

Von Sabine Asgodom außerdem im Programm

Greif nach den Sternen (16467)
12 Schlüssel zur Gelassenheit (16986)
Raus aus der Komfortzone, rein in den Erfolg (17136)

Sabine Asgodom

Liebe wild und unersättlich!

Für Frauen, die sich trauen,
das Glück zu leben

GOLDMANN

Alle Ratschläge in diesem Buch wurden von der Autorin und vom Verlag sorgfältig erwogen und geprüft. Eine Garantie kann dennoch nicht übernommen werden. Eine Haftung der Autorin beziehungsweise des Verlags und seiner Beauftragten für Personen-, Sach- und Vermögensschäden ist daher ausgeschlossen.

Verlagsgruppe Random House FSC-DEU-0100
Das für dieses Buch verwendete FSC®-zertifizierte Papier *Classic 95*
liefert Stora Enso, Finnland.

1. Auflage
Vollständige Taschenbuchausgabe Juli 2012
Wilhelm Goldmann Verlag, München,
in der Verlagsgruppe Random House GmbH
© 2008 Kösel-Verlag, München,
in der Verlagsgruppe Random House GmbH
Umschlaggestaltung: Uno Werbeagentur, München,
nach einer Vorlage von Elisabeth Petersen
Umschlagmotiv: Kelly Povo
Satz: Buch-Werkstatt GmbH, Bad Aibling
Druck und Bindung: GGP Media GmbH, Pößneck
KW · Herstellung: IH
Printed in Germany
ISBN 978-3-442-17324-2

www.goldmann-verlag.de

Für Bilen, Semhar, Charlotte,
Philipp und ihre Liebsten.
Ich wünsche Euch alles Glück
dieser Erde

Inhalt

1 Ich darf lieben

*Die Welt ist so leer, wenn man nur Berge, Flüsse
und Städte darin denkt; aber hie und da jemanden
zu wissen, der mit uns übereinstimmt, mit dem
wir auch stillschweigend fortleben, macht uns dieses
Erdenrund erst zu einem bewohnbaren Garten.*

JOHANN WOLFGANG VON GOETHE

Ein Buch über die Liebe? Wild? Und unersättlich? Jede
Frau, der ich diesen Titel bisher genannt habe, bekam entweder einen verträumten, sehnsüchtigen Augenaufschlag
»O ja! Das wär schön!«, oder sie fing gleich an, wild zu kichern (das war die Mehrheit). So wie nur Frauen kichern
können. Kleine glucksende Lacher, direkt aus dem Bauch.
»Liebe. Wild. Und unersättlich. Suuuuper. Wann kommt
es raus?« Hier ist es.

Dieses Buch handelt von der Liebe. Liebe, die Herzen
verzaubert und den Alltag durchsonnt. Liebe, die jede Se-
kunde wertvoll erscheinen lässt und uns zu besseren Menschen macht. Es ist ein Erlaubnisbuch für die Liebe. Lass
dich ein auf Liebe, möchte ich Ihnen in diesem Buch sa-

gen, ohne Seil und doppelten Boden, ohne Rentenanspruch, Ausfallgarantie und Zusatzzahl. Lass dich ein auf das Risiko Vertrauen, tiefes Vertrauen. Spüre Liebe, suche Liebe, mache Liebe, zelebriere Liebe, achte Liebe, rette deine Liebe, mach Liebe. Dies ist kein Buch über Ehebruch und Gewalt in der Ehe, über Verrat und Scheitern. Darüber gibt es ausreichend Bücher, die Betroffenen helfen können.

WOHER SIND WIR GEBOREN

Woher sind wir geboren?
   Aus Lieb.
Wie wären wir verloren?
   Ohn Lieb.
Was hilft uns überwinden?
Die Lieb.
Kann man auch Liebe finden?
   Durch Lieb.
Was läßt nicht lange weinen?
   Die Lieb.
Was soll uns stets vereinen?
   Die Lieb.

JOHANN WOLFGANG VON GOETHE
AN CHARLOTTE VON STEIN

In diesem Buch möchte ich Frauen, die in Partnerschaften leben, die im Großen und Ganzen »ganz okay« sind, zeigen, wie sie diese Partnerschaften noch besser machen können. Und ich möchte Frauen, die auf der Suche nach der großen Liebe sind, Mut machen. Die meisten Forschungen fragen nach dem Scheitern von Ehen. Ich habe versucht herauszufinden, was Liebe erhalten und stärken kann. Mein Anliegen: Wenn du liebst, stemm dich mit aller Kraft gegen den Verfall der Liebe, ihr Verschwinden, ihr Versickern, ihr Versagen. Es lohnt sich, dich ganz und gar für die Liebe einzusetzen, für den geliebten Menschen, für dich selbst – wild und unersättlich.

Liebe: Wenn sich eine Frau auf Liebe einlässt, lässt sie sich auf Menschen ein. Wo ihre Liebe hinfällt, wächst Gras, sprießt das Leben. Du darfst lieben. Wild und unersättlich. Ich bin sicher, wenn Frauen und Männer mehr über die Liebe wüssten, könnte ein Großteil der Scheidungen vermieden werden. Wenn man ihnen helfen würde, die wichtigsten Grundregeln der Liebe zu erkennen und ihnen zu folgen, könnten die meisten Beziehungen gerettet werden – Experten wie Franz Thurmaier[1] halten mehr als 80 Prozent der Scheidungen für überflüssig. Das Ende der Liebe und die Scheidung sind kein Schicksal, sondern Nichtwissen und Nichtkönnen. Wir bunkern dank Internet Informationen ohne Ende, tauschen uns mit Menschen in aller Welt über Rezepte für alles Mögliche aus, nur die Geheimnisse der Liebe sind ein Tabu. Und damit nehmen wir uns die Chance, unsere Liebe zu retten. Doch mehr als das.

11

Liebe ist die Chance, sich selbst endlich richtig kennenzulernen. In Unmäßigkeit und Arroganz, in Ungerechtigkeit und Fehlern, in Lügen und Beschönigen. Aber auch in Fürsorge und Großzügigkeit, in unermesslichem Reichtum an Gefühlen und dem Wunsch, den anderen glücklich zu machen. Denn Liebe ist in Menschen angelegt. Liebe erlaubt ihnen zu sein, wie sie sind, sie müssen sich nicht verstellen und anders geben als sie sind. Liebe richtet nicht. Liebe akzeptiert. Entdecke dieses gewaltige Gefühl, geliebt zu werden. So wie Du bist!

Wild: Klingt nach »Neuneinhalb Wochen« und Orgien, nach Liebhaber und Bäumchen-wechsel-Dich. Hier heißt es etwas ganz anderes. Es heißt Lebensfreude und Lust, Gefühl und Gefühl und Gefühl. Wild steht für ein Plädoyer gegen die Vernunftehe. Gegen Abmachungen und Arrangieren. Heißt Neues ausprobieren und Altes verfeinern, heißt dem Menschen, den man liebt, alles zuzutrauen, auf ihn zu bauen, ihn zu fordern, aber keine Entschuldigungen für ihn zu finden, keine falsche Rücksicht zu üben. Sonst schlägt Liebe in Mitleid oder gar Verachtung um.

Höre nie auf, das Besondere zu wollen und zu suchen. Aber suche es in dir und deinem Geliebten, flüchte nicht auf die Nebenschauplätze des kurzen Rauschs, der infamen Heimlichkeit. Im Kapitel 6 »Ich darf Liebe machen« verrate ich, wie wir aus der »Immer-samstags-nach-der-Tagesschau-Nummer« wieder herauskommen und dem Liebesleben neuen Schwung geben. Manchmal ist ein klarer Schnitt richtig: wenn eure Erwartungen zu weit voneinander entfernt sind; wenn ihr euch nicht mehr erkennt; wenn der eine die Wünsche des anderen nicht erfüllen kann. Ein Leben ohne Liebe ist auch zu zweit traurig.

**Lieben heißt einen anderen Menschen
so sehen zu können,
wie Gott ihn gemeint hat.**

DOSTOJEWSKIJ

Unersättlich: Heißt sich nicht kontrollieren und beschränken, nicht bescheiden und resignieren. Sich nicht abfinden mit Dingen, die dich unglücklich oder traurig machen. Fordere und sei unmäßig. Stelle Ansprüche und sag, was du möchtest. Begnüge dich nicht mit der Grundausstattung, erwarte die Luxusvariante der Liebe. Und wisse, dass du sie nicht immer bekommen wirst. Lerne das auszuhalten. Und arbeite an den 80 Prozent, in denen es klappen kann.

Zu erkennen, dass der Geliebte, Mann, Freund, Partner dich nicht immer glücklich machen kann, tut weh. Aber höre nie auf, es zu erwarten. Hilf andererseits dem Geliebten, von dir zu lernen, selbst Ansprüche zu stellen. Und glaub an das Wunder der Liebe. Hör niemals auf, daran zu glauben. Frag den Geliebten aus, lass ihn seine Geschichte erzählen. Auch er hat seine Schatten, Muster, Ängste,

Sehnsüchte. Und er hat genauso viel Recht darauf wie du, sein Leben zu leben.

Ein Wort zum Thema »Er«. Dieses Buch beschreibt die Liebe von Frauen zu Männern. Deswegen heißt »er« meistens »der Mann«. Sie könnten aber auch »er« als Mensch denken. Wenn ich mich in meinem Bekanntenkreis umschaue, erlebe ich die gleichen Glücksgeschichten, Happy Ends oder Dramen zwischen Frauen und Männern wie unter Frauen oder unter Männern.

Amerikanische Studien bestätigen, dass es zwischen hetero- und homosexuellen Beziehungen viel weniger Unterschiede gibt als wir denken. Eine der führenden Forscherinnen über Partnerbeziehungen, die Professorin Letitia Anne Peplau[2] aus Los Angeles, hat gezeigt, dass unabhängig von der sexuellen Präferenz

- fast alle Menschen eine enge Beziehung mit einem anderen Menschen wünschen,
- viele Menschen in dieser Beziehung Sexualität und Liebe finden und
- niemand von Partnerschaftskrisen, die immer auch den Bruch der Partnerschaft bedeuten können, prinzipiell verschont bleibt.

Peplau hat auch herausgefunden: Handelt es sich nicht nur um eine kurzlebige romantische Affäre, wird jede Beziehung zu einem Wettlauf mit der Zeit: Wie übersteht man den Übergang von den wenigen Monaten der »rasenden«

Verliebtheit in den Alltag. Der ist das eigentlich Neue in der Beziehung. Die Herausforderung ist, wie dieser Übergang in ein normaleres Leben geschafft wird, gleich ob heterosexuell oder gleichgeschlechtlich: das Verlangen nach Nähe mit dem Verlangen nach Unabhängigkeit und Selbstverwirklichung des einzelnen Partners zu vereinen. Bei verliebten Schauspielern scheint dies die Crux zu sein: Sie versuchen ihre Liebe wie einen perfekten Film zu erleben. Nur leider wird im Kino nach dem Happy End ausgeblendet. Da, wo erst die wahre Herausforderung beginnt.

Wie komme ich darauf, ein Buch über die Liebe zu schreiben? Vielleicht kennen Sie das eine oder andere frühere Buch von mir, über Selbst-PR oder Gelassenheit, über Work-Life-Balance oder Durchsetzungsstrategien. Also eher berufsbezogene, zielgerichtete, erfolgsorientierte Themen. In meiner Arbeit als Coach und Trainerin wurde mir immer mehr klar: Es geht nie allein nur um den Beruf, die Karriere, die Zukunftspläne. Es geht immer um das ganze Leben. Zufriedenheit, Glück. Und eben Liebe.

HÄTTE DIE LIEBE NICHT ...

Wenn ich mit Menschen- und mit Engelszungen redete, und hätte die Liebe nicht, so wäre ich ein tönend Erz oder eine klingende Schelle. Und wenn ich weissagen könnte und wüsste alle Geheimnisse und alle Erkenntnis und hätte allen Glauben, also dass ich

Berge versetzte, und hätte die Liebe nicht, so wäre ich nichts. Und wenn ich alle meine Habe den Armen gäbe und ließe meinen Leib brennen, und hätte die Liebe nicht, so wäre mir's nichts nütze. Die Liebe ist langmütig und freundlich, die Liebe eifert nicht, die Liebe treibt nicht Mutwillen, sie blähet sich nicht, sie stellet sich nicht ungebärdig, sie suchet nicht das Ihre, sie lässt sich nicht erbittern, sie rechnet das Böse nicht zu, sie freut sich nicht der Ungerechtigkeit, sie freut sich aber der Wahrheit; sie verträgt alles, sie glaubet alles, sie hoffet alles, sie duldet alles. Die Liebe höret nimmer auf ... Nun aber bleibt Glaube, Hoffnung, Liebe, diese drei; aber die Liebe ist die größte unter ihnen.

PAULUS (ANF. 1. JH.–CA. 60) 1. KORINTHERBRIEF, KAPITEL 13

Dazu kommt: Ich habe mit Mitte 50 gerade selbst noch einmal das Geschenk der Liebe erleben dürfen und bin gerade Liebe pur. Wenn ich von diesem Wunder erzähle, höre ich viele Geschichten von anderen Frauen: fröhliche, anrührende, traurige, dramatische, einfache, komplizierte. Liebe bestimmt unser Leben. »All you need is love« steht auf einer goldenen Kugel, die meinen Schreibtisch ziert. Und jeder kennt diesen Beatles-Song.

In dem Bestseller *Lebe wild und unersättlich!* habe ich 2007 Frauen zehn Schritte zur persönlichen Freiheit aufgezeigt: Von »Ich darf mich mögen« bis »Ich darf meine

Welt verändern«. Es war ein Buch über die Kunst, sich selbst lieben zu lernen. Es war auch ein Buch über meinen eigenen Weg zur Selbstliebe. Jetzt geht es darum, die Liebe nach außen auszustrahlen. Die Welt teilhaben zu lassen an der unendlichen Liebe, die in uns bereit ist, geteilt zu werden. Übrigens: Über dieses erste »wilde und unersättliche« Buch habe ich meine neue große Liebe kennengelernt. Sie sehen, man darf die Hoffnung nie aufgeben.

Wenn Sie schon einmal ein Buch von mir gelesen haben, wissen Sie, dass ich sehr offen und ehrlich Beispiele aus meinem Leben beschreibe. Auch in diesem sind viele eigene Erfahrungen verarbeitet. Aber Sie werden nicht immer erkennen können, wann es meine Erfahrungen und wann sie von jemand anderem sind. Und das ist gut so. Denn am Thema Liebe sind viele Menschen in meinem Leben beteiligt: der Vater meiner Kinder und jetzt guter Freund, mein jetziger Mann, meine und seine erwachsenen Kinder, meine Mutter, die schon im letzten Buch einiges aushalten musste. Und diese geliebten Menschen möchte ich schützen.

Gehen Sie also davon aus, dass ganz viel von dem, was in diesem Buch steht, viele Beispiele und Geschichten, auch aus meiner eigenen Erfahrung stammen. Darüber hinaus habe ich viele Frauen und einige Männer interviewt, Liebende und Liebe-Suchende, Liebes-Spezialistinnen und Liebes-Skeptikerinnen. Auch ihre Geschichten habe ich anonymisiert.

Wie *Lebe wild und unersättlich!* ist auch dieses Buch nicht als reines Ratgeberbuch angelegt nach dem Motto »Tu dies, tu das und jenes lass«. Sondern als mehr als das, als der Mega-Ratgeber, mit letztlich nur einem einzigen Rat: dem Bekenntnis zur Liebe. Es bietet Gedanken, Beispiele, Erfahrungen, Erkenntnisse, Ideen und Anregungen. Ich berichte über wissenschaftliche Studien, die herausfinden, was Liebe lebbar und Beziehungen haltbar macht. Ich erzähle Ihnen Beispiele, wie Liebe entsteht, wie sie neu auflodern und weiterglühen kann, auch noch nach Jahren. Ich zeige aber auch Fallen auf, die in uns selbst oder im Alltag liegen und möchte Ihnen unendlich viele Ideen geben, was Sie selbst für Ihre Liebe tun können. Der Schwerpunkt dieses Buchs liegt nicht auf dem Scheitern, sondern dem Erblühen und Blühen von Liebe.

Liebe ist die spektakulärste Art und Weise der Evolution, sich über das Gesetz des Gewinn-Verlust-Denkens hinwegzusetzen.
MARTIN E. P. SELIGMAN, DER GLÜCKS-FAKTOR

Mein Wunsch ist, dass jede Leserin ihre eigenen Schlüsse ziehen kann. Je erfahrener ich als Coach in der Arbeit mit Menschen bin, umso vorsichtiger werde ich mit guten Ratschlägen. Sehr viel sinnvoller ist es, Menschen dabei zu begleiten, eigene Lösungen zu finden.

Das gilt auch in der Liebe. Natürlich brauchen wir eine

beste Freundin (oder einen besten Freund), bei der wir unser Herz ausschütten können, wenn wir unglücklich verliebt sind oder es in der Ehe kriselt. Wir brauchen ein offenes Ohr und eine helfende Hand, die sich uns reicht, wenn wir niedergeschlagen oder enttäuscht sind. Hüten müssen wir uns aber vor überklugen Ratgebern und falschen Tröstern. Eine Falle, in die man oft tappt: dem Partner der zu Tröstenden die Alleinschuld an der Misere zu geben, vorschnelle Urteile zu fällen oder zu verallgemeinern: »Ach, alle Männer sind doch so. Mein früherer hat auch immer …« Damit werden Gräben vertieft statt ausgeglichen, wird zu vorschnellem Handeln verleitet, das Tuch durchtrennt. Tausend Ratschläge von anderen können dieses Gefühl in uns, was in der Liebe richtig ist, nicht ersetzen.

Hannelore F., 37, erzählte mir kürzlich: »Mein Mann und ich hatten letztes Jahr eine schwere Krise, ich war todunglücklich und traf mich regelmäßig mit einer Freundin, die alleinerziehende Mutter war. Nach jedem Treffen wollte ich mich sofort scheiden lassen. Sie bestätigte mir, dass alles doch keinen Zweck mehr hätte. Mein Mann begann, diese Freundin zu hassen. Gott sei Dank haben er und ich dann wieder zusammengefunden. Aber die Freundschaft ist darüber kaputtgegangen. Ich fühlte mich manipuliert.«

Wenn jemand für uns Partei ergreift, sollten wir immer beachten, dass er meist nur unsere Schilderung der Dinge sieht. Nach meiner eigenen Erfahrung ist niemals nur einer schuld, wenn Liebe verlöscht (wenn man überhaupt

Frauen sind anders. Männer auch.

Das muss aber nicht schädlich für die Liebe sein. 105 Paare, die zwischen 25 und 46 Jahren verheiratet waren, haben die deutsche Psychologin Helga Hammerschmidt und die Amerikanerin Florence Kaslow[3] über Ehen befragt. Ihre Ergebnisse zeigen:

- **Männer sind** im Allgemeinen mit der Ehe etwas zufriedener als Frauen – gleich ob die Ehe glücklich oder nicht so glücklich ist.
- **Für Männer wie für Frauen** hängt Zufriedenheit vom Gefühl der Zusammengehörigkeit und der Fähigkeit ab, gemeinsame Probleme auch gemeinsam lösen zu können.
- **Männer sind** in der Ehe vermutlich deshalb glücklicher, weil sie öfter als ihre Frauen Probleme verdrängen und »unangenehme Geschehnisse ignorieren«, während Frauen viel öfter die Initiative zur Lösung von Problemen ergreifen.
- **Treue ist** wichtig, nicht nur vordergründig im sexuellen Bereich, sondern als Gewissheit, dass man sich auf den Partner verlassen kann.
- **Sexuelle Untreue** ist weniger erotisch, sondern vielmehr neurotisch: ein Zeichen dafür, dass die Ehe von Schwierigkeiten belastet ist.
- **Zur glücklichen, stabilen Ehe** hinzukommen müssen

Offenheit, Ehrlichkeit und Aufrichtigkeit, so sein und sich so zeigen zu dürfen, wie man wirklich ist, statt immer so, wie man sein wollte oder sollte.

- **In der Wunschkategorie** der Männer steht die Sexualität mit Abstand im Vordergrund.
- **Frauen wünschen sich** vor allem mehr Einfühlungsvermögen des Partners, häufigeren Gedankenaustausch und mehr zärtliche Zuwendung.

von Schuld sprechen kann). Und dass Männer und Frauen unterschiedlich sind, hat sich auch inzwischen herumgesprochen.

Die amerikanischen Psychologen Susan und Clyde Hendrick warnen aber in einer Studie[4] davor, bei allen nachweisbaren Unterschieden der beiden Geschlechter die Gemeinsamkeiten zu übersehen. Jenseits der raschen Verliebtheit engagieren sich Männer nach Überzeugung des Psychologen-Paares ähnlich in der Partnerschaft wie Frauen, und es gibt keinen Grund anzunehmen, dass Männer bei Sex und Liebe emotional weniger empfinden als Frauen.

In diesem Buch geht es um Ehe und Partnerschaft, aber auch allgemein um Liebe. Um Liebe in allen Stadien. Deswegen ist es ein Buch für alle Frauen,
- die gerade verliebt und verzückt sind;

- die unglücklich verliebt sind;
- die glücklich verheiratet sind;
- die in langweiligen Beziehungen stecken;
- die sich nach Liebe sehnen;
- die sich neuen Schwung in der Liebe wünschen;
- die gerade die Nase voll haben von dieser dämlichen Liebe;
- die Liebe vermasselt haben;
- die mehr Liebe wollen;
- die ihre Liebe retten wollen;
- die Liebe suchen;
- die wissen wollen, warum es ihnen gerade so gut geht
- und die wissen wollen, wie es so bleibt.

Ziel dieses Buches ist, der Liebe nachzuspüren, diesem unglaublichen Gefühl der Geborgenheit und des Angenommenseins. Ziel ist, mehr zu lieben und mehr Liebe zu bekommen. Mehr zu wissen über Liebe und mehr zu riskieren. Es geht um dieses herrliche Kribbeln zwischen zwei Menschen, manchmal von einem Moment zum anderen und manchmal auch noch nach Jahren, durch den einen Blick des Liebsten, der direkt ins Herz trifft.

Rundheraus gesagt: Es geht um dieses sekundenschnelle Verblöden. Gerade war sie noch eine vernunftbegabte Frau, tüchtig, erfolgreich, hatte klare Vorstellungen über das Leben, ihre hohen Ansprüche. Und Amors Pfeil macht aus ihr eine kuhäugige, schnurrende Männeranbe-

terin – eine Zeitlang jedenfalls. Liebe als Sekundenver-
blödung, die, wenn sie Glück hat, zu einer Lebensklug-
heit werden kann.

Denn etwas Schöneres können wir uns nicht wünschen:
auf Wolken schweben, das Leben durch die rosa Brille sehen. Auch wenn uns manche Superrealisten schnell wieder
auf den Boden der Tatsachen bringen wollen, ich sehe es so
gern, wenn ein braver Mann seine Frau mit einem seligen
Lächeln zärtlich um die Hüfte fasst und »Mäuschen, lass
uns gehen« sagt. Das heißt nicht, mir den Liebsten schön-
zureden (oder gar zu -trinken), aber es ist wunderbar, den
Fokus auf das zu richten, was uns erfreut und nicht mit der
Lupe nach den negativen Seiten zu suchen.

Manchmal fallen wir, besonders in längeren Partner-
schaften, aus dieser seligen Verklärung und richten unseren
Sensor nur noch auf das Störende. Und das gefährdet die
Liebe am allermeisten. Denn wir lieben in der Regel nicht
Mr. Universum, sondern Karl-Heinz Durchschnitt oder
Stefan Normalo. Wir lieben einen Menschen, der morgens
im Badezimmer hustet, immer alle Türen aufstehen lässt
oder seine Socken im Schlafzimmer verteilt.

Mein Mann hat mir zum letzten Valentinstag eine Ka-
rikatur aus einer Zeitschrift geschenkt. Da begrüßen sich
eine Frau und ein Mann, beide keine ausgesprochenen
Schönheiten. Sie haben Sprechblasen über ihren Köp-
fen: Über seinem Kopf liest man »Guten Tag. Ich bin der
reichste Mann der Welt!« Über ihrem: »Sehr angenehm.

Und ich bin die schönste Frau der Welt.« Im nächsten Bild gehen sie glücklich Arm in Arm davon. Über ihm hängt die Denkblase: »Wenn sie wüsste!« Und über ihr: »Wenn er wüsste!« Ja, das ist Liebe: Sich den anderen schön und begehrenswert zu lieben. Tomaten auf den Augen zu haben, na und! Gefühl pur. In dem anderen wundervolle Dinge zu erkennen, die unser Herz erfüllen. Die tatsächlich manchmal außer uns keiner sehen kann. Weil wir ja in Liebe hinschauen, mit dem Herzen sehen. Und Liebe ist das Mittel, aus Fremden Freunde zu machen. Ich werde Ihnen zeigen, warum Freundschaft und Liebe das Erfolgsduo in der Partnerschaft sind.

Liebe ist überhaupt nicht erklärbar. Weil sie entsteht und uns erfüllt. Sobald wir versuchen zu erklären, warum wir jemanden lieben, sind wir auf dem Holzweg. Neulich wollte ein katholischer Pfarrer und Professor einem Auditorium erklären, dass Liebe im Kopf entsteht und alles nur mit Ratio, also dem Verstand zu tun hat. Und ich empfand tiefes Mitleid mit ihm.

Was Liebe bewirkt, ist offensichtlich: Die Weltliteratur, unsere Kinos und Musikstücke drehen sich um das eine Thema: Liebe. Ob Mozart oder Christina Aguilera, Rosamunde Pilcher oder Goethe – der Großteil aller veröffentlichten Texte dreht sich um dieses stärkste der Gefühle (oder um sein Gegenteil, den Hass). Die herrlichsten Gedichte aus zwei Jahrtausenden drehen sich um Liebe. Opern, Dramen, Musicals – Liebe, Liebe, Liebe.

Liebe ist das Thema der meisten erfolgreichen Spielfil-
me. Ich habe mir die klassischen Liebesfilme einmal da-
raufhin angeschaut, worin ihr Zauber besteht. Und egal, ob
»Notting Hill«, »Vier Hochzeiten und ein Todesfall« oder
»Harry und Sally«, ob »Die zauberhafte Welt der Amélie«,
»Chocolat« oder »Im Juli«, es geht immer darum, dass ein
Mann und eine Frau sich verlieben und sich dadurch letzt-
endlich gegenseitig heilen.

Halten Sie diese These für verwegen? Ich werde sie Ihnen beweisen: Nehmen Sie *den* Liebesfilm »Pretty Woman«. Was macht den Reiz dieses Films aus, der mit über
neun Millionen Kinobesuchern weltweit ein Erfolg war
(und der ganz nebenbei zu meinen Lieblingsfilmen gehört,
den ich mindestens zwanzigmal gesehen habe)? Die Hand-
lung ist simpel. Eine Nutte (Julia Roberts) und ein skru-
pelloser Geschäftsmann (Richard Gere) treffen sich per
Zufall. Verbringen eine Woche zusammen, erleben schöne,
nachdenkliche, witzige Momente. Reden miteinander. Verlieben sich. Irrungen, Wirrungen, Missverständnisse, Enttäuschungen passieren. Große Momente und Kleinher-
zigkeit. Nähe und Verlust. Und schließlich die Erlösung:
Sie kriegen sich. Aber erst, nachdem sie sich gegenseitig
zu besseren Menschen gemacht haben. Die Frau schwört
der Prostitution ab, und der Mann wandelt sich vom Fir-
menzerstörer zum wertebewussten Erneuerer.

Kitsch pur, könnte man sagen. Aber wer hinter die Hand-
lung schaut, weiß, warum Menschen (vor allem weibliche)

bei dem Film gerührt sind oder wohlig erschaudern. Das Drehbuch erfüllt eine Sehnsucht, die offenbar seit Langem die Menschheit begleitet: Ein Mann und eine Frau verlieben sich und sie heilen sich gegenseitig ihre verletzte Seele. Das heißt: Die Liebe verändert alles. Andere Bilder dafür kennen wir auch: die bessere Hälfte finden, vollständig werden. Oder wie der Dichter Friedrich Rückert unübertrefflich gereimt hat:

Du meine Seele, du mein Herz,
Du meine Wonn, o du mein Schmerz,
Du meine Welt, in der ich lebe,
Mein Himmel du, darein ich schwebe,
O du mein Grab, in das hinab
Ich ewig meinen Kummer gab.

Du bist die Ruh, du bist der Frieden,
Du bist der Himmel mir beschieden.
Daß du mich liebst, macht mich mir wert,
Dein Blick hat mich vor mir verklärt,
Du hebst mich liebend über mich,
Mein guter Geist, mein bessres Ich!

In einer Fernsehsendung traf ich einmal auf ein junges Paar: Er Mitte 20, arbeitslos, extrem übergewichtig, kaum noch in der Lage, sich zu bewegen. Seine Freundin, Anfang 20, die ein Kind von ihm erwartete, ebenfalls arbeitslos. Das klassische Loser-Klientel einer Nachmittags-Talk-show – sollte man meinen. Ich kam mit den beiden jungen Leuten ins Gespräch, liebe sympathische Menschen, die sich offenbar richtig gernhatten. Ich fragte die Frau, was sie denn an dem »Fettkloß«, wie er sich selbst bezeichnete, lieben würde. Da fingen ihre Augen an zu leuchten, ihr Gesicht verzog sich zu einem strahlenden Lächeln, sie griff nach seiner Hand und sagte: »Er wärmt mich. Wenn er bei mir ist, brauche ich keine Decke.« Und Liebe erfüllte das Studio.

Das ist das Wunderbare an der Liebe: Sie ist demokratisch. Sie kann Arme wie Reiche treffen, Dicke wie Dünne, Große wie Kleine, Hübsche und weniger Schöne, Gebildete wie Ungebildete; Liebe überwindet nicht nur geografische Grenzen, sondern auch gesellschaftliche, religiöse und kontinentale.

Als ich mich mit 49 von meinem ersten Mann trennte, dachte ich wirklich lange in tiefem Selbstmitleid: »Ich werde nie wieder einen Mann treffen, der mich lieben wird!« Und durfte erleben: Stimmt nicht. Das Alter spielt offenbar auch keine Rolle. Ich erlebe Liebe immer noch als ein Geschenk. »Das hast du auch verdient«, meinten viele Freundinnen, denen ich von meiner neuen Liebe erzählt habe. Und jedes Mal denke ich: »Nein, Liebe kann man sich nicht verdienen, die bekommt man geschenkt!«

Liebe ist wie Golf spielen, hat mir neulich mein Mann gesagt. »Warum?«, fragte ich zurück, »weil man da auch ein Handicap hat?« Er schüttelte den Kopf: »Wenn du glaubst, du kannst es endlich, hast du schon verloren.« Stimmt. Liebe ist nicht Kalkül, Liebe ist keine Vernunftsache, Liebe ist nicht trainierbar. Und Liebe hat keine Garantie. Liebe wird täglich erneuert und immer wieder geprüft, ständig vertieft und immer wieder vermasselt. Doch statt sich und den anderen zu martern und mit Selbstvorwürfen zu quälen, ist es viel gescheiter, das nächste Mal genau hinzuschauen: Was kann ich anders machen? Was braucht die Liebe?

Was hilft im Leben mehr? Ein Vermeidungs- oder ein Maßnahmenkatalog? Das Vermeiden ist rückwärtsgerichtet, das Tun begleitet uns in die Zukunft. Deswegen verlegen seit einigen Jahren Psychologen den Fokus vom Scheitern von Beziehungen auf ihr Gelingen. Sie fragen weniger: Woran scheitern Ehen, welche Rolle spielen Stress und Ehrgeiz, Kinder, Sex-Frust, Geldsorgen oder Seitensprünge? Vor allem Wissenschaftler der »Positiven Psychologie« wollen herausfinden, was Ehen glücklich macht, wie Menschen ihre Liebe erhalten und stärken.

Eine der innovativsten Psychologinnen dieser Richtung ist Shelly Gable[5], Professorin an der UCLA (University of California, Los Angeles), und sie forscht darüber, was eine Beziehung großartig macht. Ihre Forschungen enthalten eine Lektion für alle, die eine gute Beziehung – Ehe, Eltern-Kind-Beziehung oder Freundschaft – in eine exzellente verwandeln wollen. Sie hat dabei herausgefunden, dass für das Liebesglück die Art und Weise entscheidend ist, wie ein Partner auf große oder kleine Erfolge oder gute Nachrichten des anderen reagiert, sei es privat oder beruflich. Die Frage ist also nicht: »Wie reagiert er, wenn es mir schlecht geht?«, sondern »Wie reagiert er, wenn es mir supergut geht?« Da zeigen sich die wahren Unterschiede.

Shelly Gable stellte Paaren folgende Frage:
»Wie reagierst du, wenn

- deine Partnerin dir erzählt, dass sie befördert worden ist;
- wenn dein 16-Jähriger dir sagt, dass das hübscheste Mädchen in seiner Schulklasse mit ihm ausgehen will;
- wenn dein Vater dir erzählt, dass er beim Golf gerade ein Hole-in-One geschlagen – also den Golfball mit einem einzigen Schlag – eingelocht hat;
- wenn deine beste Freundin dir erzählt, dass ein Forschungsbericht von ihr zum Druck angenommen worden ist?«

Shelly Gable ordnet die möglichen Antworten vier verschiedenen Kategorien zu:

1. Reagierst du enthusiastisch – *aktiv-konstruktiv?* Zum Beispiel: »Das ist die beste Nachricht, die ich seit Wochen gehört habe.«
2. Reagierst du *aktiv-destruktiv* und weist auf potenzielle Probleme hin? »Bist du sicher, dass du den zusätzlichen Anforderungen gewachsen bist?«

3. Gehst du kaum auf die Nachricht ein, außer dass du sagst, dass du dich freust *(passiv-konstruktiv)*? »Das ist ja schön, mein Schatz.«

4. Nimmst du die Nachricht ohne Interesse zur Kenntnis *(passiv-destruktiv)* und sprichst zum Beispiel über das Wetter? »Hast du gehört, es soll morgen wieder regnen?«

Shelly Gable hat nachgewiesen, dass die erste Kategorie, das Aktiv-Konstruktive, der Schlüssel zu einer starken, haltbaren, stabilen Beziehung ist. Paare, die sich in den guten Dingen bewundern und unterstützen, können Hoffnung auf eine lange glückliche Beziehung haben. (Auf der Homepage zu diesem Buch www.Liebe-wild-und-unersaettlich.de können Sie sich testen, wie unterstützend Sie selbst reagieren).

Das Mitdenken, Mitfreuen und Bewundern stärkt also die Liebe und knüpft das Band zum anderen enger und haltbarer. Aktiv-konstruktiv zu sein hat im Gegensatz zu den drei anderen Grundhaltungen wichtige und vorhersehbar eintretende Folgen. Paare, bei denen es einen aktiv-konstruktiven Partner gibt, sind verliebter, treuer und finden in der Ehe mehr Zufriedenheit.

Was lernen wir daraus? Verstärke das Gute, freu dich mit. Sei in deiner Aufmerksamkeit beim anderen, hör nicht nur hin, sondern auch zu. Stopp defätistische Bemerkungen, Sarkasmus oder Ironie. Halt dich zurück mit spitzen Bemerkungen. Mach den, den du liebst, nicht klein. Zerstöre nicht seine Begeisterung. Mach ihm das Erreichte nicht madig. Sondern freu dich mit ihm: »Erzähl mir mehr«. Sei stolz auf ihn. Und zeig es. (Mehr dazu werden Sie im Kapitel »Ich darf Liebe achten« finden).

Wer liebt, zeigt sich von seiner besten Seite.

Ich werde Ihnen im Rahmen dieses Buches noch mehrere dieser Studien aus der Glücksforschung vorstellen. Sie sind ein Geschenk. Ich habe allein bei der Recherche zu diesem Buch ein halbes Dutzend Hinweise gefunden, was ich in meiner neuen Liebe besser, anders machen werde. Habe meine Wahrnehmung in vielem bestätigt gesehen und Lust aufs Ausprobieren neuer Erfahrungen bekommen. Ich hoffe, Ihnen wird es genauso gehen.

Liebe geben ist eben nicht nur Mühe und Plage, wer liebt:
- gibt sein Bestes und fühlt sich dabei ausgesprochen wohl;
- zeigt sich von seiner besten Seite;
- aktiviert alle Stärken und Talente, alle Kreativität und alle Fürsorge, zu der er fähig ist.

In keiner anderen Lebenskonstellation wird der Mensch in dieser umfassenden Weise dazu verleitet, körperlich, geistig, seelisch und sozial sein Bestes zu geben. Durch keine andere Lebenskonstellation entsteht deshalb größere Freude am eigenen Dasein.

Kurz gesagt: Lieben holt die ästhetischen, die interessanten, die kreativen Seiten in uns hervor. Es geht nicht um die Erfolge, nicht um die »Abschussquote«. Vielmehr erfahren Sie durch die Liebe, was es heißt: alles zu geben, sich selbst zu geben – ohne eine Kosten-Nutzen-Rechnung anzustellen, weil der Nutzen so tief gespürt wird, dass für Berechnungen weder Zeit noch Raum noch Lust vorhanden sind. Das ist Leben.

In einem Newsletter, den ich monatlich an Interessierte schicke, habe ich Leser/innen gebeten, mir Geschichten und Gedanken über die Liebe zu schicken. Es haben sich tatsächlich einige Frauen und zwei Männer hingesetzt und liebevolle, anrührende Berichte aufgeschrieben. Ich mag diese Geschichten, weil sie mitten aus dem Leben geschrieben sind und verschiedene Aspekte der Liebe beleuchten, ganz einfach, mitten heraus aus dem erlebten Alltag. Sie werden einige dieser Geschichten in Kurzform in diesem Buch finden (die ausführlichen Geschichten sind auf der Homepage www.liebe-wild-und-unersaettlich.de nachlesen).

Meine Anregung: Schreiben Sie doch auch einmal Ihre Gedanken über die Liebe auf. Woran erinnern Sie sich: Wann haben Sie gewusst, dass er der Richtige ist? Woran haben Sie es gemerkt? Wie haben Sie sich in der ersten Verliebtheit gefühlt? Wie ist Liebe daraus erwachsen? Aber auch: Wie ist eine Liebe erkaltet, woran gescheitert? Wie fühlt sich unerfüllte Liebe an? Nehmen Sie sich Zeit,

Stift und Papier, PC, Diktiergerät, Handy oder MP3-Player, sprechen Sie Ihre Gedanken, wenn Ihnen dies leichterfällt als sie aufzuschreiben. Und seien Sie bereit für die Überraschungen der Liebe. Wenn Sie Lust haben, schicken Sie mir Ihre Geschichte (meine Adresse finden Sie hinten im Buch). Die Besten werden wir veröffentlichen. Im nächsten Kapitel geht es erst einmal um die Frage: Woran erkennen Sie, dass Sie lieben?

2 Ich darf Liebe spüren

Woran erkennst du, dass du liebst? Der **Verstand** sagt: Wenn du dir diese Frage nicht mehr stellst! Klingt supergescheit, aber wenig hilfreich. Meine Freundin Moni fragt denn auch gleich: »Wie komme ich in den Zustand, dass ich mir diese Frage gar nicht mehr stelle?« Hilfreich dabei ist die Überlegung: Was hat sich durch die Begegnung mit diesem einen unglaublichen Menschen bei mir verändert? Liebe ist im Spiel, wenn

- die Ungeduldige merkt, dass sie plötzlich warten kann;
- die Zögerliche, dass sie mutiger wird;
- die Schüchterne, dass sie sich was traut;
- die Zickige, dass sie großzügig wird;
- das »gebrannte Kind«, dass es wieder Vertrauen gewinnt;
- die Traurige, dass sie wieder lachen kann;
- die Alberne, dass sie ernsthaft wird;
- die Trotzige, dass sie sich zuwendet;
- die Oberkritische, dass sie bewundert.

Das **Gefühl** sagt auf die Frage, woran man erkennt, dass man wirklich liebt:

- Wenn du in unendlich seliger Stimmung bist;

- wenn du auf Wolken gehst;
- wenn du dich nicht mehr über Dinge aufregst, die früher total wichtig waren;
- wenn du seinen Namen irgendwo liest und dich darüber freust;
- wenn die Sehnsucht gestillt ist und es keinen Wunsch nach etwas anderem mehr gibt;
- wenn du Dinge tust, die dich früher gelangweilt hätten.

Und dann kommt der zu Wort, der sich nicht täuschen lässt, der **Körper**. Er antwortet:
- wenn ein Gefühl des Angekommenseins jede Zelle deines Körpers füllt;
- wenn du lächelst, wenn er zur Tür hereinkommt;
- wenn du dich freust, seine Stimme zu hören;
- wenn du neben ihm sitzt und dich einfach wohlfühlst;
- wenn seine Hand auf deinem Rücken das Universum bildet;
- wenn du in seiner Armbeuge liegst und fühlst »Hier will ich sein«;
- wenn du seinen Pullover wegräumst und kurz dein Gesicht hineindrückst;
- wenn du beim Zähneputzen neben ihm stehst und eure Augen sich im Spiegel aneinander festsaugen;
- wenn du morgens aufwachst und dich an ihn kuschelst, ihr euch in den Armen liegt, redet, euch streichelt, euch vom Leben erzählt, miteinander lacht.

Wird Ihnen auch ganz warm ums Herz, wenn Sie diese Beschreibungen lesen? Noch einmal, es geht dabei nicht um das Stadium der ersten wahnsinnigen Verliebtheit, in der man unfähig ist zu arbeiten, lebensgefährlich Auto fährt und die ganze Welt umarmen möchte. Nein, es geht um dieses erdwarme Gefühl, zu lieben und geliebt zu werden, ein Gefühl, das ein Jahr oder 50 Jahre andauern kann. Und das immer wieder durch kleine Gesten, Erinnerungen, Gemeinsamkeiten geweckt wird.

Durch ein Lied zum Beispiel. Wenn es plötzlich im Radio kommt, werden Gesichtszüge weich, verzieht sich der Mund zu einem Lächeln, suchen sich Augen. »Unser Lied«, wie

WHAT A DIFFERENCE A DAY MADE

What a difference a day made
Twenty-four little hours
Brought the sun and the flowers
Where there used to be rain

My yesterday was blue, dear
Today I'm a part of you, dear
My lonely nights are through, dear
Since you said you were mine

What a difference a day makes
There's a rainbow before me
Skies above can't be stormy
Since that moment of bliss,
that thrilling kiss

It's heaven when you
find romance on your menu
What a difference a day made –
And the difference is you

viele Paare sagen. Es erinnert sie an Herzklopfen, an Annäherung, die erste gemeinsame Autofahrt, den ersten Tanz, den ersten Kuss. Es kann die größte Schnulze sein, ein Wies'n-Hit oder ein Schmusesong – egal.

Ich verrate Ihnen ein kleines Geheimnis: »Unser Lied« ist »What a difference a day made«, gesungen von Dinah Washington. Ein Lied darüber, wie 24 Stunden unser Leben von Moll auf Dur stellen können. »Gestern war ich niedergeschlagen, Liebster. Heute bin ich ein Teil von dir, Liebster. Meine einsamen Nächte sind vorüber, Liebster. Seit du gesagt hast, du bist mein …«

Wenn dieses Lied im Radio kommt, geht uns das Herz auf! Manchmal erwischen wir uns gegenseitig, wie der andere die Melodie vor sich hin pfeift. Einfach so. Und das Herz macht wieder einen Hüpfer.

Und **daran** erkennst du leider auch, dass du liebst:

- Wenn du dich auf einen schönen Abend gefreut hast, und er ist nur müde;
- wenn er Lust auf dich hat, und du bist nur müde;
- wenn ihr nach Hause kommt, und er verzieht sich an seinen Computer;
- wenn du ihn um einen Gefallen bittest, und er vergisst es;
- wenn ihr die Kinder zur Oma gegeben habt, und das Wochenende ist nur langweilig;
- wenn du das Gefühl hast, es hat alles keinen Zweck, die Luft ist raus;
- wenn du in seinem Arm liegst und dich nur einsam fühlst;
- wenn du dich nicht traust, ihm zu sagen, was dich stört;
- wenn du mit Erschrecken merkst, dass ihr euch beim Essen wie ein altes Ehepaar stumm gegenübersitzt;
- wenn du dich den ganzen Tag auf ihn gefreut hast und dann ist er gedankenlos;
- wenn du ihm etwas besonders Schönes zum Geburtstag gekauft hast, und er legt es beiseite;
- wenn du schlaflos neben ihm im Bett liegst und ihn schnarchen hörst.

Wer liebt, macht sich verwundbar.

Ja, auch das sind Zeichen der Liebe. Wer liebt, macht sich verwundbar. Wer sich einem Menschen in Liebe rückhaltlos öffnet, bietet sein Innerstes dar. Und wird manchmal getroffen. Denn Liebe hat eine Schwester und die heißt Enttäuschung. Die kommt meist dann ins Spiel, wenn die Tomaten von den Augen fallen. Wenn der Alltag das Spiel ersetzt. »Ich liebe dich. Nur nicht grad jetzt« heißt ein wunderbares Buch des Psychotherapeuten Mathias Jung. Jeder, der schon einmal in einer festen Beziehung gelebt hat, weiß, dass es diese Momente gibt. Auf beiden Seiten.

Auf diese Ernüchterungsphase reagieren Menschen sehr unterschiedlich: Die einen schmeißen hin, trennen sich. Sie haben sich wohl doch im anderen getäuscht. Schade.

Andere resignieren und nehmen diese Entwicklung hin: »So ist es halt, der Lack ist ab. Aber eigentlich verstehen wir uns sonst ganz gut.«

Wiederum andere starten das Liebes-Rettungsprogramm: Abends schön kochen, Tisch hübsch gedeckt, das neue Kleidchen an und »das Lied« aufgelegt.

Oder: Zwei Wochen Seychellen vom Feinsten im Romantik-Ressort und Austern und Schampus satt.

Oder doch das zweite Kind. Au weia.

Die Alternative: Menschen fangen wieder ganz von vorne an nach dem Motto erfahrener Golf-Spieler: »Wenn du glaubst, du kannst es, bist du verloren.« Oder wie beim Mensch-ärgere-dich-nicht-Spielen: Sie sind rausgeworfen worden, sie haben sich geärgert, sind sauer. Sie müssen wieder würfeln und würfeln, bis sie eine Sechs gewürfelt haben. Dann geht das Spiel von Neuem los.

Was heißt das im Liebesalltag, »Sie fangen wieder von vorne an«? Sie versuchen aus der aufkeimenden Fremdheit wieder Vertrautheit zu erzeugen. Schauen den anderen wieder mit Interesse an: Wer ist er eigentlich? Fangen wieder an zu reden. Reden von den eigenen Erwartungen und Enttäuschungen. Möchten wissen, was im anderen vorgeht. Was er sich wünscht.

In dem Satz »Ich liebe dich. Nur nicht grad jetzt« findet sich die Symbiose aus Gefühl und Wirklichkeit, aus Liebe und Alltag.

Liebe ist auch da, wenn das Entzücken Pause macht!

Liebe hat dann eine Zukunft, wenn eine Verstimmung, eine blöde Bemerkung, Phasen der Unachtsamkeit oder des Unglücklichseins nichts an der Grundeinstellung ändert: Ich möchte mit diesem Menschen mein Leben verbringen. Liebe hat dann eine Zukunft, wenn einem klar ist: Liebe ist auch da, wenn das Entzücken Pause macht!

Dass es meist Frauen sind, die die Rettungsinitiative starten, ist bekannt. Männer, das zeigen unzählige Studien, sind meistens genügsamer, sie erwarten weniger von Liebe und Ehe, sind mit weniger zufrieden. Und sind höchst verwundert, wenn eine Frau den Bettel hinschmeißt. Eine Erkenntnis: Frauen sind vor der Scheidung unglücklicher, Männer nachher.

Ein Beispiel aus dem Leben finden Sie in der ersten Lie-
bes-Geschichte auf S. 52 von Rita Beyl. Der Mann ist total zufrieden mit Frau, Arbeit und Häuschen. Und sie hat
einen »Stein auf der Brust«. Der sich erst löst, als sie den
entscheidenden Schritt macht.

Damit es gar nicht so weit kommt, hilft es, der alten Re-
voluzzerin Rosa Luxemburg zu folgen, die gesagt hat: »Die
revolutionärste Tat ist immer, das laut zu sagen, was ist!«
Ja, wahrscheinlich ist dies das ganze Geheimnis der Liebe:
sehen, was ist, und sagen, was ist. Annehmen, was ist und
wie es ist – und dann etwas Gutes daraus machen.

**Die revolutionärste Tat ist immer,
das laut zu sagen, was ist!**
Rosa Luxemburg

Und das gilt nicht nur für die Liebe zu einem Menschen,
sondern auch für die Liebe zum Leben. Annehmen, was ist,
und dann das Beste daraus machen. Fällt schwer, wenn das
Leben uns gerade nicht mit Liebe überschüttet. Ist aber der
einzige Weg, die Tür zur Liebe offen zu halten.

Ich sehe oft Frauen, die enttäuscht sind, wenn »er« sie
nach einiger Zeit nicht mehr auf Händen trägt. Und ich
frage mich dann manchmal: Was machen sie eigentlich
im Gegenzug für ihn? Der charismatische amerikanische
Präsident John F. Kennedy hat einmal in einer bewegen-
den Rede seinen Zuhörern zugerufen: »Frage nicht, was

dein Land für dich tun kann. Frage dich, was du für dein Land tun kannst.«

Was Frauen für die Liebe tun können: nicht aufgeben, nicht resignieren, sondern das Barometer für Mangel sein. Nicht darauf warten, dass »er« schon merken wird, was in der Liebe fehlt. Vielleicht merkt er es ja nicht (höchstwahrscheinlich sogar). Sondern Frauen müssen ansprechen, was ist. Einfordern, was sie wollen.

In Vorträgen erzähle ich gern die Geschichte mit den Blumen. Mein erster Mann war kein großer Blumenliebhaber. Ich sah, wie andere Frauen Blumen von ihren Gatten bekamen und dachte oft, warum schenkt meiner mir eigentlich keine Blumen. Und nahm es ihm übel. Aber sagte natürlich nichts, denn da müsste er schon selbst draufkommen. Kam er aber nicht.

Irgendwann dachte ich mir: »Bin ich nicht schon groß und verdiene mein eigenes Geld? Könnte ich mir nicht vielleicht selber Blumen kaufen?« Und ich begann, mir jede Woche einen schönen Strauß hinzustellen. Lange Zeit später merkte mein Mann: »Hei, die Frau mag Blumen!« Und er begann, mir Blumen zu schenken. Happy End könnte man meinen.

Weit gefehlt. Er schenkte mir die falschen Blumen. Kennen Sie diese Sträuße, die ich respektlos »Tankstellensträuße« nenne: eine Rose, eine Nelke, eine Lilie, zwei Gerbera, aufgefüllt mit diesen kleinen Chrysanthemen, von anderen Mumis, von mir Friedhofsblumen genannt. Ich konnte mich wieder nicht freuen. (Ja, ich weiß, Frauen sind komplizierte, anspruchsvolle, undankbare Diven.)

Es dauerte noch einmal ein paar Monate, bis ich mich endlich traute, ihm zu sagen: »Ich hasse diese bunten Sträuße.« Er, ziemlich verzweifelt: »Ja, was willst du denn?« Ich: »Rosen, einfach Rosen. Möglichst in einer Farbe.« Und er brachte mir am nächsten Tag Rosen. Vier gelbe Rosen. Na ja. Der gute Wille zählt.

Wir leben jetzt schon über fünf Jahre getrennt (die Blumen waren nicht der Grund, nur ein Symptom). Wir verstehen uns aber weiterhin gut. Und erst gestern erzählte er mir strahlend, dass seine ganze Wohnung voller Blumen stünde. Osterglocken, Tulpen … Tja. So geht's.

Wenn ich daran denke, erinnere ich mich an Schilder, die vor Jahren in manchen Geschäften hingen: »Wenn Sie zufrieden sind, sagen Sie es anderen, wenn Sie unzufrieden sind, sagen Sie es uns!« Ja. Ja. Ja. Ich musste es erst mühsam lernen. Warum? Mir ist nicht beigebracht worden zu sagen, was ich mir wünsche. Ein Lieblingssatz meines Vaters lautete: »Mach mal die Augen zu, dann siehst du, was dir gehört.« Klare Ansage, oder? Meine Angst war über Jahrzehnte: Wenn du zu anspruchsvoll bist, dann wirst du abgelehnt. »Kinder, die was wollen, kriegen was auf die Bollen!«

Liebesvertrag mit mir selbst

Einen Liebesvertrag mit sich selbst abzuschließen, emp-
fehlen die Psychotherapeuten Cal Cannon und Klausbernd Vollmar[6] allen Menschen, die in der Partnerschaft
glücklich werden wollen. Dieser Vertrag besteht aus den
wenigen Worten, »dass ich meine Bedürfnisse ehrlich
und mutig in die Partnerschaft einbringe«.

Ich musste erst auch innerlich erwachsen werden, um mir
die Erlaubnis geben zu können, zu sagen, was ich möchte.
Und dieser Lernprozess ist noch lange nicht abgeschlos-
sen. Ich merke immer wieder: An kleinen Alltagsdingen
entzünden sich riesige Konflikte, die alles aufs Spiel setzen können. Meine eigene wackelige Selbstliebe kann es
gar nicht fassen, dass ein anderer mich lieben sollte, obwohl
ich so bin, wie ich bin.

Letztes Jahr fuhr ich mit meiner neuen großen Liebe in
seinem Auto ins Zillertal. Wir verbrachten dort einen herrlichen Tag. Auf der Rückfahrt von Mayrhofen meldete das
Auto: Bitte tanken. Wir fuhren an der ersten Tankstelle
vorbei, an der zweiten, an der dritten. Mein Blick hing an
der Tankanzeige. Ich wagte irgendwann zu sagen, »sollten
wir nicht mal langsam …?« Nun muss man wissen: Auf der
Strecke nach München über den Achenpass gibt es die bil-

ligste Tankstelle genau oben auf dem Pass. Deshalb sagte dieser Mensch, der inzwischen mein Mann ist, auch ganz gelassen: »Wir tanken oben auf dem Pass, da sparen wir acht Cent pro Liter. Bis dahin schaffen wir das schon.« Aha.

Am Ende des Zillertals zeigte die Tankuhr noch Sprit für 60 Kilometer an. Als wir den Pass hinauffuhren, rasselte die Anzeige zurück: 50, 40, 30, 20, 10, 0. Ich zitterte vor Ärger, kochte vor Wut. Malte mir aus, wie wir auf der engen Passstraße mit leerem Tank stehen bleiben würden. Ich verfluchte diesen Mann am Steuer und seinen Spieltrieb aus tiefstem Herzen.

Das verstärkte sich, als ich merkte, dass nun auch er etwas nervös wurde. Ich starrte auf die Null der Tankanzeige. Mit den letzten Tropfen rollten wir schließlich in die Tankstelle hinein.

»Geschafft!«, strahlte er und wollte aussteigen.

»Ich hasse dich!«, brach es aus mir heraus.

»Wieso?« Er sah mich verwirrt an: »Wir haben es doch geschafft?«

»Acht Cent, acht Cent«, äffte ich ihn nach. »Da sparen wir acht Cent. Ich habe seit einer halben Stunde Magenschmerzen, nur weil du diesen albernen Ehrgeiz entwickelst.« Ich führte mich auf wie ein hysterisches Weib aus einer Witzzeichnung.

Er wurde ganz ruhig, ließ mich wüten. Dann sah er mich direkt an und sagte ganz ernst: »Dann sag es mir bitte. Sag mir, tanke jetzt und hier, mir zuliebe.«

Wenn ich an diese Szene denke, kommen mir immer noch vor Rührung die Tränen.

»Mach es mir zuliebe«, wiederholte er noch einmal, »wenn du das sagst, tu ich, was du willst.«

Mir zuliebe? Mir zuliebe würde ein Mann etwas tun, was er eigentlich nicht tun möchte? Er würde seinen sportlichen Ehrgeiz zügeln, ob es er wieder einmal zur übernächsten Tankstelle schafft? Ich müsste ihn nicht überzeugen? Ihm nicht beweisen, dass ich recht hätte, nicht seinen Widerstand brechen, nicht argumentativ siegen? Einfach mir zuliebe?

Diesen Satz empfinde ich immer noch als Geschenk. Ich habe ihn zwischenzeitlich ein-, zweimal ausprobiert. Und es hat wirklich funktioniert. Ein Geschenk des Himmels an eine unsichere Frau: »Mach es mir zuliebe!« Zur Nachahmung empfohlen.

Was ist Liebe?

Das Thema Liebe wird weltweit erforscht. Die australische Psychologie-Professorin Patricia Noller[7] (University of Queensland) hat die wichtigsten Forschungsarbeiten aus den letzten Jahrzehnten studiert und zusammengestellt, was die Liebe braucht. Zwei positive Grundgefühle tragen offensichtlich zur Haltbarkeit der Liebe bei:

1. Ein intensives positives Gefühl für den Partner und die Partnerschaft, das jeden Liebenden von Zeit zu Zeit überwältigt. Also ein plötzliches Aufwallen von tiefer Freude und Wärme, wenn man den Partner sieht oder an ihn denkt.

Uschi M., 33, erzählt von solchen Momenten: »Manchmal haut mich mein Glück fast um. Ich sitze an meiner Arbeit und plötzlich muss ich an Richard denken. Wir sind jetzt schon drei Jahre zusammen, aber jedes Mal schießt es mir heiß durch den Körper. Ich bekomme dann eine so ungeheure Sehnsucht nach ihm. Manchmal ist das sogar stärker, als wenn wir zusammen sind.«

2. Ein dauerhaftes positives Gefühl des Zusammengehörens, das auch bleibt, wenn es aktuelle Schwierigkeiten, Missverständnisse oder Konflikte gibt.

Gabi Sch., 39, schildert das so: »Ich ärgere mich oft über meinen Freund. Er hat ein paar Angewohnheiten, die machen mich wahnsinnig. Ich habe gelernt, ihm das zu sagen. Manchmal streiten wir dann auch richtig. Und doch kratzt das nicht die Bohne an dem Grundgefühl, dass wir uns lieben. Es ist wunderbar zu wissen, du darfst streiten, ohne dass die Liebe im Mindesten gefährdet ist. Denn die Basis stimmt.«

Zwei weitere Begriffe, so Patricia Noller, sind bei glücklichen Paaren deutlich ausgeprägt: Leidenschaft und Kameradschaft. Es heißt immer wieder, dass das Gefühl der Leidenschaft zwingend mit der Zeit abnimmt und einem

Gefühl der Kameradschaft weicht. Das Überraschende aus allen Studien zum Thema Liebe: Bei glücklichen Paaren – gleich ob frisch verliebt oder nach 25 Jahren – sind beide Gefühle, Leidenschaft *und* Kameradschaft, gleich hoch ausgeprägt. Reife Liebe zeichnet sich dadurch aus, dass Kameradschaft die Basis für Leidenschaft bildet und Leidenschaft die Basis für Kameradschaft.

Liebe, und das ist die dritte Erkenntnis von Patricia Noller, ist aber nicht nur ein Gefühl, sondern enthält eine bewusst getroffene Entscheidung für einen anderen Menschen. Hierfür steht das englische Wort »Commitment«, das mehrere Bedeutungen hat: Bindung, sich festlegen, sich selbst verpflichten und sich damit zugleich gegen andere Menschen zu entscheiden. Die Liebes-Forschung findet immer mehr Belege dafür, dass »Commitment« die Beziehung zwischen den Partnern nicht nur stabil und krisen-resistent macht, sondern zugleich auch das Gefühl der Liebe fördert.

Ein Beispiel: Carola T., 41, hat es nicht leicht mit ihrem Mann. Er ist beruflich stark eingespannt, nimmt sich zu wenig Zeit für sie und die drei Kinder, ist gedanklich oft abgelenkt und überlässt ihr alles, was die sozialen Kontakte der Familie angeht. Von außen sieht sie wie das Opfer in dieser Beziehung aus. In einem Gespräch erzählt sie mir: »Ich wusste von Anfang an, wie ehrgeizig Georg ist. Diese Entschlossenheit hat mich ja auch an ihm fasziniert. Na klar habe ich es nicht immer leicht. Und natürlich ärgere ich mich manchmal über ihn. Aber ich habe mich ent-

Reifes Verhalten in der Liebe

Liebe findet viele positive Ausdrucksformen im Verhalten der Partner. Zu den wichtigsten gehören:

- verbale und körperliche Zärtlichkeit;
- über sich selbst in offener Weise sprechen, sich selbst enthüllen, sich zeigen, wie man ist, und nicht, wie man sein will oder soll;
- den Partner emotional und moralisch unterstützen;
- Geschenke machen; für den Partner sorgen; sich kümmern;
- sich glücklicher fühlen, wenn der Partner da ist;
- gewillt sein, die weniger erfreulichen Seiten des Partners zu akzeptieren.

schlossen, seine Frau zu sein. Das verstehen nicht alle in meinem Bekanntenkreis. Und die Außenstehenden sehen ihn auch nur in einer Rolle. Ich erlebe ihn ja auch ganz anders.« Ihr Lächeln spricht Bände, und man erkennt die Liebe hinter der Entscheidung.

Seit ich der Frage nachgehe: Woran erkennt man die Liebe, desto klarer wird mir, dass wir uns von dem Bild der Hollywood-Liebe verabschieden müssen: Alles perfekt, es gibt nur Harmonie und keinen Ärger. Im Licht der golden untergehenden Sonne reiten wir ins Glück. Nein, Liebe ist nicht störungsfrei. Liebe ist manchmal langweilig und manchmal ätzend. Manchmal möchte sie etwas von ihm, und er reagiert büffelig. Manchmal möchte er etwas von ihr, und sie reagiert zickig. Ja, danke, bitte.

Und das darf so sein! Wir sind Menschen, keine Zelluloidfiguren. Lust ist nicht anknipsbar (dazu mehr im spannenden sechsten Kapitel »Mache Liebe«). Liebe ist manchmal ungerecht. Wir bekommen nicht immer eins-zu-eins zurück, was wir hineingeben. Aber Liebe ist eben auch keine Kommanditgesellschaft mit Businessplan, Einlagen und Rendite.

Neulich waren mein Mann und ich in einem Konzert: die dritte Symphonie, die »Eroica«, von Ludwig van Beethoven, die der Meister rund um die Figur Napoleons komponiert hat, den er lange verehrt hat. Wir freuten uns darauf. Die Musik triumphal, ja heldenhaft, poetisch, dramatisch, hoffnungsvoll. Gefühl pur, Gänsehaut und Ergriffenheit. So kannten wir sie von Schallplatten.

Der Dirigent war da allerdings ganz anderer Meinung: Er und das von ihm geleitete Orchester fiedelten das Stück emotionslos-präzis herunter, Note für Note. »Er hat Beethovens Musik entromantisiert« stand im Programmheft, richtig stolz. Ich fand: Es klang wie das Orchester eines Krankenhauses, am Pult der Oberchirurg mit dem Skalpell. Runtergefiedelt halt. Der Dirigent hatte der Musik das Gefühl entfernt. Wie schade!

Eheberatung schon vor der Ehe?

Der Gedanke klingt überraschend – aber Paarberater versichern mir: Ob Ehen »brüchig« werden, könne man oft schon vor der Hochzeit erkennen. Meist seien es jene Ehen, die geschlossen werden, weil man perfekte Harmonie genossen hat. Aber das Leben ist kein ewiger Honeymoon. Konflikte kommen in jeder Ehe auf. Menschen, die ohne die Erfahrung geheiratet haben, dass sie auch Krisen miteinander bewältigen können, sind dann oft hilflos.

»So stell ich mir die Hölle vor: Täglich singt ein Kinderchor«, ist der Lieblingsreim meines Mannes. Abgewandelt könnte man sagen: So stell ich mir die Hölle vor, jeden Tag Musik hören, der man die Romantik genommen hat. Und noch schlimmer: So stell ich mir die Hölle vor – eine Welt, der man die Romantik genommen hat. In der nur noch die Vernunft siegt. In der Zyniker uns erklären, was vernünftig und was Zeitverschwendung, was eine gute Investition und was der Return of Investment ist.

Wie traurig, dass manche Frauen versuchen, die Liebe zu entzaubern. Sie finden viele vernünftige Gründe, warum man zusammenlebt. Oder Gründe, warum sie zu ihrem Mann oder Freund passen. Hey, Mädels: Das sind die

Grundlagen für eine Wohngemeinschaft! Aber Liebe ist das für mich nicht.

Liebe ist so unvernünftig, die braucht überhaupt keinen Grund. Im Gegenteil: Sie setzt sich sogar gegen viele »gute« Gründe durch, warum daraus überhaupt nichts werden kann. Liebe ist ein Himmelsgeschenk, das zu suchen sich lohnt – in einer neuen Beziehung oder in der bestehenden. Wie das geht, lesen Sie im nächsten Kapitel.

Liebesgeschichte 1:

Wie das Leben eben so spielt
von Rita Beyl

Ich bin 35 Jahre alt und lebe mit meinem Freund Harry in einem kleinen 3000-Seelen-Dorf in einem winzigen, schnuckeligen alten Häuschen, das wir vor zwei Jahren nach unseren Vorstellungen umgebaut haben. Harry ist ein sehr ausgeglichener und starker Mensch, hat einen guten Job, in dem er für zehn Mitarbeiter verantwortlich ist, und verdient gut. Ich bin Vorstandssekretärin in einem Stromversorgungsunternehmen, bin nicht so selbstbewusst wie Harry, bin eher sensibel. Wir gleichen uns in dieser Hinsicht aus. Wenn er zu dick aufträgt und wieder einmal meint, vor anderen angeben zu müssen, bremse ich ihn, da ich von uns beiden die Bescheidenere bin, die eher auf dem Boden bleibt. Kinder wollen wir keine, wir wollen ungebunden sein! Kurzum – eigentlich passt alles. Wir verstehen uns gut, und ich bin zufrieden mit meinem Leben.

Wenn da nicht immer dieser Stein auf meiner Brust wäre! Ich versuche oft, diesen Klumpen zu analysieren. Woher kommt er, warum ist er mal ein Kieselstein, mal ein Riesenbrocken? Manchmal werde ich ganz verrückt – diese innere Unruhe, dieses Hin- und Hergerissensein. Geht's anderen wohl auch so, oder bin ich zu empfindlich, zu labil für diese oft anstrengende, stressige Welt? Die Frage stelle ich mir oft: »Hey, hallo, du hast doch alles, keine Geldsorgen, eine ›Schnecke‹ von Mann (laut meinen Freundinnen), der dich liebt, eine gute Arbeit, ein schönes Zuhause! Was willst du mehr, sei nicht undankbar!«

Tja, ich finde auf diese Frage keine Antwort, bis sich einiges in meinem Leben von heute auf morgen ändert. Ich erfahre, dass das Unternehmen, in dem ich arbeite, verkauft werden soll. Ich muss mir einen neuen Job suchen. Also stürze ich mich auf die Stellenanzeigen in unserer Tageszeitung.

Zwei Tage, nachdem ich eine Bewerbung um die Stelle einer Sekretärin der Geschäftsleitung an ein großes Unternehmen, etwa 35 Kilometer von meinem Wohnort entfernt, geschickt habe, bekomme ich prompt eine Einladung zu einem Vorstellungsgespräch. Harry fragt mich abends, wie es denn gelaufen sei. Ich antworte nur: »Schlecht, aber der kaufmännische Geschäftsführer ist ein sehr netter Mann«. Für den würde ich gerne arbeiten.

Wiederum drei Tage später erhalte ich einen Anruf, dass ich in der engeren Wahl sei. Ich soll zum zweiten Gespräch kommen. Was bin ich aufgeregt! Wieder ist mir mein vielleicht künftiger neuer Chef sehr sympathisch. Er hat eine sehr herzliche Art an sich, hat Humor und sehr warme ausdrucksstarke Augen. (Damals dachte ich mir noch nichts dabei.)

Nach zwei Tagen erhalte ich die Zusage, über die ich mich riesig freue. Der kaufmännische Geschäftsführer bietet immer seine Hilfe an, ich kann ihn jederzeit fragen, wenn etwas unklar ist, ohne gleich aufzubrausen. So lebe ich mich gut ein und bemerke nicht, dass sich in meiner Gefühlswelt etwas verändert.

Harry meint nach einem halben Jahr, dass ich ihm gegenüber anders, distanzierter wäre. Ich verneine dies, ich hätte auf der Arbeit viel um die Ohren, das würde er sich nur einbilden. Natürlich bemerke ich, dass Herr Beyer, der kaufmännische Geschäftsführer, oft mittags im Sekretariat sitzt und Zeitung liest und mich unterhält. Was ich als schöne Abwechslung empfinde, da er Humor besitzt und eine ansteckende, positive Art hat. Ebenfalls fällt mir auf, dass mein Stein auf der Brust momentan klitzeklein ist.

Ich mache mir keine großen Gedanken mehr, bis ich zuhause im Internet nach Horoskopen surfe. Welches Sternzeichen ist Herr Beyer, welches passt zu ihm? Passt da ein Zwilling wie ich dazu? Harry kommt mir auf die Schliche, er verfolgt meine Aktion im Internet. Er stellt mich zur Rede, ob ich mich in meinen neuen Chef verliebt habe. Da fällt es mir wie Schuppen von den Augen – ich bin total verknallt und hab's nicht bemerkt!

Da ich viel Arbeit habe, muss ich öfters länger im Büro bleiben. Eines Abends steht plötzlich Herr Beyer in der Tür des Sekretariats und fängt an zu reden: »Frau Mayer, ich kann momentan nachts sehr schlecht schlafen, ich muss ständig an Sie denken. Ich habe mich in Sie verliebt.« Puuh, mein Herz klopft, ich bekomme einen knallroten Kopf und weiß nicht, was ich sagen soll. Herr Beyer lädt mich am nächsten Tag unter dem Vorwand »ein Dankeschön des Chefs an seine Sekretärin« zum Abendessen ein. An diesem besagten Samstag stehe ich bereits mittags im Bad und donnere mich ganz schön auf, ziehe mir eine durchsichtige schwarze Rüschenbluse und eine schwarze Nadelstreifenhose an. Was bin ich aufgeregt!

Herr Beyer holt mich an einem verabredeten Parkplatz ab, und wir fahren in ein sehr nobles Restaurant. Es ist ein wunderschöner Abend. Vom Essen selbst bekomme ich wenig mit, habe sowieso keinen Hunger, dafür schmeckt mir der Champagner umso mehr. Nach dem Essen will ich natürlich noch nicht nach Hause. Soll ich mich neben Harry ins Bett legen und so tun, als wäre nichts passiert? Wir gehen noch in ein Weinlokal, und Herr Beyer stellt mir die Frage: »Wie geht es denn jetzt weiter? Ich wollte nie eine Beziehung in der Arbeit. Wir sind beide liiert. Hat das eine Zukunft?«

Ich bin auf der einen Seite total entzückt, auf der anderen total verwirrt. Über die Zukunft und die Konsequenzen will ich an diesem schönen Abend nicht nachdenken. Ich will nur den Augenblick genießen – in vollen Zügen.

Drei Tage nach diesem Abendessen erklärte ich Harry, dass ich für vier Wochen auf Probe ausziehen würde, um festzustellen, ob mir noch viel an ihm läge. Natürlich fehlte er mir in dieser Zeit kein bisschen. Ich trennte mich von Harry und suchte mir in der Stadt meines neuen Arbeitgebers eine Wohnung und heiratete nach nur neun Monaten meinen Vorgesetzten, Torsten Beyer.

Seitdem habe ich keinen Stein mehr auf meiner Brust. Ich kann nicht sagen, dass mir Harry nicht gutgetan hätte. Damals war ich zufrieden, aber nicht glücklich. Das weiß ich allerdings erst, seit ich Torsten kennengelernt habe.

Harry meinte damals: »Hättest du nur nicht in der blöden Firma angefangen, dann wäre alles noch beim Alten!« Das wäre es nicht! Wäre ich vor fünf Jahren nicht wegen Torsten gegangen, hätte ich Harry sicherlich einige Zeit später verlassen.

Es hat geklappt. »Ich bin angekommen!« Wir arbeiten sehr gut zusammen. Die Gerüchteküche hat am Anfang bei 520 Mitarbeitern selbstverständlich gebrodelt, aber da standen wir drüber. Durch die schnelle Heirat kräht jetzt kein Hahn mehr danach.

3 Ich darf Liebe suchen

Meine Großmutter Hanni war 19, als ihr Bruder Willi 1923 in der Nähe von Hannover Hochzeit feierte. Unter den Hochzeitsgästen war ein Freund des Bruders aus Schlesien, Rudolf Barth. Rudi war zwei Tage vor der Hochzeit aus Breslau angereist und hatte sofort ein Auge auf die junge Frau geworfen. Einen Tag vor der Hochzeit sollte Hanni mit Pferd und Wagen Kuchen aus dem Nachbarort holen. Der Bräutigam fragte: »Wer fährt mit meiner Schwester mit?« Rudi sprang sofort auf. Sie fuhren zusammen los und kamen zwei Stunden später mit dem Kuchen und als Liebespaar zurück. Noch am selben Tag stellte Hanni ihren Rudi ihrer Großmutter vor, die im Garten saß: »Großmutter, darf ich dir meinen Stern vorstellen!« Das nennt man wohl Liebe auf den ersten Blick.

Die scheint bei uns in der Familie zu liegen. Meine Mutter war acht Jahre alt, als mein damals 13-jähriger Vater zu seiner Mutter gesagt haben soll: »So wie die Hannele Barth, so müsste mal meine Frau aussehen.« Hannele war 14, als er ihr den ersten Kuss gegeben hat. Sie war 15, als mein Vater sie gefragt hat, ob sie seine Frau werden wollte. Sie sagte sofort »Ja«. Mit 17, es war mitten im Zweiten

Weltkrieg, war sie verlobt. Mit 20 verheiratet. Mit 24 hatte sie drei Kinder.

Was lernen wir daraus? Wir müssen unsere Antennen auf Empfang stellen, wenn wir Liebe wollen. Nicht mit einem Steckbrief herumlaufen: so groß, so alt, so schwer, so reich … Männer gibt es nicht von der Stange, sie werden auch nicht für uns gebacken. Sie laufen auf dieser Welt herum und wollen entdeckt werden. So wie wir auch.

Und die Frauen unserer Generation haben in unseren Breiten das große Glück, dass sie wählen können, wen sie lieben und mit wem sie zusammenleben wollen. Das ist auch eine traumhafte Chance, das »Beuteschema« auf der Suche nach dem »passenden« Mann zu überprüfen und zu erweitern.

Liebe zu suchen heißt nämlich nicht mehr:
- einen Ernährer zu finden;
- vor den Freundinnen angeben zu können;
- zukünftig finanziell sorgenfrei zu leben;
- standesgemäß zu heiraten;
- nie mehr allein zu sein;
- ein menschliches Statussymbol abzuschleppen.

Sondern heute geht es darum:
- Innigkeit
- Freude
- Seelenverwandtschaft

- Nähe
- Sexuelle Erfüllung
- Freundschaft
- Staunen zu finden.

Das heißt: Der Mann darf älter oder jünger sein als wir. Er darf wohlhabender oder ärmer sein, gebildeter oder weniger gebildet, erfolgreicher oder weniger erfolgreich. Ein Manager oder ein Musiker. Ein Spitzenverkäufer oder ein Spitzenlover. Ein Heiliger oder ein Hausmann. Außergewöhnlich oder gewöhnlich. Mutig oder zärtlich. Vermögend oder verspielt. Goethe oder Schwarzenegger, Dolce oder Gabbana, äh, na ja. Eine wichtige Botschaft gerade auch für junge ehrgeizige Frauen: Du darfst den lieben, den du wirklich begehrst!

Wenn Frauen sich selbst ernähren können, dann ist die Bereitschaft zur Liebe die wichtigste Voraussetzung für ein glückliches Leben. Das gilt sogar für die Zeit, wenn wir niemanden haben, der unsere Antennen in Schwingungen versetzt. Selbst für die Zeit, in der andere Dinge Vorrang haben, und Singles gar nicht aktiv auf der Suche sind. Die Bereitschaft zur Liebe strahlt auf unser ganzes Leben und auf unsere Umgebung aus.

Was du liebst, lass frei. Kommt es zurück gehört es dir – für immer.
KONFUZIUS

Menschen, die sich und andere Menschen lieben können, sind die besseren Kollegen, Nachbarn, Freunde. Wer verbittert ist, kann nicht ertragen, dass andere glücklicher sind als sie selbst. Wer die Hoffnung auf Liebe verloren hat, igelt sich ein und schottet sich ab. Erich Fromm, der Großmeister der Liebe, schreibt in seinem Buch *Die Kunst des Liebens:* »Wenn ich wirklich jemanden liebe, liebe ich alle Menschen, ich liebe die Welt, ich liebe das Leben. Wenn ich zu jemandem sagen kann: ›Ich liebe dich!‹, muss ich auch in der Lage sein zu sagen: ›Ich liebe in dir jeden Menschen, ich liebe in dir die Welt, ich liebe in dir auch mich selbst.‹«

Liebe wird deshalb nicht nur in der Partnerschaft spürbar sondern auch dann, wenn wir der Nachbarin helfen, die Einkäufe die Treppe hoch zu tragen; dem Kollegen anbieten, die Abendschicht zu übernehmen, damit er auf den Abschlussball seiner Tochter gehen kann; der Schwägerin helfen, ihre Bewerbungsunterlagen zu verbessern. Wir nennen das gerne »Nächstenliebe«. Aber es ist »Liebe«. Wie heißt es in der Bibel: »Liebe deinen Nächsten wie dich selbst.«

Barbara F., 42, ist beruflich sehr erfolgreich, lebt als Single in einer westdeutschen Großstadt. Aber sie lebt nicht ohne Liebe! Für die beiden Teenager-Kinder ihrer Schwester ist sie die engste Vertraute, unternimmt Reisen mit ihnen, ist bei allen wichtigen Terminen dabei. Die Kinder lieben sie. Und sie verströmt Liebe in ihre Familie. Nichts von verbitterter alter Jungfer, von »Hätte ich doch einen abgekriegt«. Sie lebt ihre Liebe auf ihre Weise. Und ist ein Segen für die Welt.

Wie hieß der wunderbar freche Satz der Frauenbewegung in den Siebzigerjahren? »Eine Frau ohne Mann ist wie ein Fisch ohne Fahrrad«! Ja, noch einmal, zum Mitschreiben: Wir können auch glücklich sein ohne einen Mann. Aber nicht ohne Liebe!

Wir können auch glücklich sein ohne einen Mann. Aber nicht ohne Liebe!

Eine Freundin von mir, Claudia Carbo, eine atemberaubende Jazz-Sängerin, ist überzeugt, dass sie ihre Musik niemals hätte so leben können, wenn ihre Beziehung nicht in die Brüche gegangen wäre. Sie hat neben ihrem Broterwerb als Pressesprecherin abends Gesangsstunden und Klavierunterricht genommen, hat Ballett gemacht und ist auf Jazzfestivals in ganz Europa gereist. »So konnte ich meine ganze Leidenschaft in meine Musik legen.« Und diese Liebe hört man aus jedem Lied. Heute gehört sie zu den bekanntesten Jazz-Diven Deutschlands.

Sie hat vor einigen Jahren ihren Job gekündigt, einen eigenen Musikverlag gegründet, mehrere CDs produziert, hat Gigs in allen Städten, und kann inzwischen von der Musik leben. Im letzten Sommer ist die Deutsch-Peruanerin erstmals mit Latin Rhythmen auf einem großen Jazzfestival aufgetreten, in Wiesen (Österreich), neben Superstars wie

Al Jarreau, Passport und Jan Garbarek. Wenn man den Film über ihren Auftritt sieht, spürt man die Glückseligkeit, die Claudia auf der Bühne empfindet (www.claudiacarbo.de).

Dein nur sein.

Mit dir die Abenteuer

dieser Welt bestehen.

Ein Herzschlag, komponiert

aus unserem Leben.

Ein Atemzug,

genug für unser Glück.

S. A.

Bleiben wir kurz bei der Musik. Was unsere Zeit von den Anfängen der Frauenbewegung unterscheidet: Wir können heute leben, was die temperamentvolle, rotmähnige italienische Sängerin Milva in den 70er-Jahren sang: »Ganz Frau und trotzdem frei zu sein!«. Darin besingt sie mit ihrer kraftvoll-brüchigen Stimme die Liebeserklärung einer Frau an ihren Mann, der neben seiner Klugheit und Zärtlichkeit ihr die nötige Bandbreite in der Partnerschaft bietet: zwischen Geborgenheit und Freiraum. Der Refrain heißt: »Du zeigst mir immer, dass es möglich ist, ganz Frau und trotzdem frei zu sein.« Ein modernes Männerbild, das bis heute gilt, und das immer mehr Männer erfüllen.

Männer sind nicht mehr per se alle Unterdrücker, Ausbeuter und der natürliche Feind der emanzipierten Frau, sondern können wunderbare Weggefährten sein. Frauen können erfolgreich sein und einen Unterstützer an ihrer Seite haben. Frauen können selbstbewusst sein und trotzdem vor Liebe vergehen. Und sie sind auch ein vollständiger Mensch, wenn ihre Liebe nicht nur dem einen gehört.

Denn das sind die **Spielarten** des Lebens:
- Du hast keinen Mann und hättest gern einen;
- Du hast einen und den willst du nicht;
- Du vergehst nach einem und bekommst ihn nicht;
- Du könntest unter dreien wählen, weißt aber nicht wen;
- Du hast den, den du haben willst;
- Du hast keinen, willst aber auch keinen;
- Du verlierst den, den du haben wolltest;
- Du verlierst den, den du auch nicht haben wolltest;
- Du hättest einen haben können, warst aber zu dämlich/ ängstlich/stolz/zögerlich/bescheuert/ …;
- Du willst einen, weißt aber noch nicht, ob du ihn bekommst.

Und wenn es sein soll, dann öffnet sich plötzlich der Himmel und ohne Anstrengung, ohne Krampf, ohne Plan steht der eine vor uns, den das Schicksal für uns bestimmt hat (oder den der Zufall vorbeigespült hat, je nach Einstellung). Und wenn das nicht passiert? Dann gibt es Möglichkeiten, selbst ein bisschen nachzuhelfen. Es gibt verschiedene Wege, die Liebe zu suchen. Nur Mut dazu!

Freiwillig Single: Gründe*

Die richtige Person nicht gefunden	50%
Nie vorgehabt zu heiraten	23%
Negativer Einfluss durch Eltern	18%
Ich musste für meine Eltern sorgen	17%
Ich habe zu viel gearbeitet	12%
Bin zu alt, Spiele zu spielen	11%
Enttäuscht von vorigen Beziehungen	11%

Was wird am Single-Sein geschätzt?

Freiheit/Unabhängigkeit	89%
Ich kann nie geschieden werden	5%
Ich komme finanziell besser weg	3%
Mehr Privatheit	2%
Mehr Freunde	1%

Was wird als negativ angesehen?*

Fehlen von Kameradschaft	44%
Keine Kinder	23%
Einsamkeit	16%
Alleinsein im Alter	11%
Ungünstige Steuerklasse	2%
Zu wenig Sex	2%
Ich sehe überhaupt nichts Negatives	2%

Mehrfachnennungen waren möglich[8]

Seit ich in Vorträgen und Seminaren mehr und mehr über die Liebe rede, erfahre ich die wunderbarsten Geschichten von Frauen, die den Liebesgöttern ein bisschen nachgeholfen haben (spannenderweise sind die meisten ungefähr in meinem Alter).

Nach einem Vortrag in Berlin, bei dem ich erzählt hatte, dass ich meine große Liebe dem gütigen Schicksal verdanke, lernte ich Vera kennen. Sie war 50 und seit sechs Jahren Witwe, als sie durch ein Gespräch mit Freundinnen auf die Idee kam, sich einen Mann beim Universum zu »bestellen«. Es war ein fröhlicher Abend gewesen, und die Freundinnen beschlossen: »Vera, du brauchst wieder einen Mann!« Eine hat alle einschlägigen Bücher zu diesem Thema gelesen und half ihr, die Bestellung zu formulieren: »Er sollte etwa so alt sein wie ich, Aussehen ist egal. Er soll lieb sein und zärtlich, selbstbewusst und nicht klammern. Ein guter Liebhaber natürlich. Er sollte in der Nähe leben und frei sein.«

Vera strahlte mich an und versicherte mir: »Stellen Sie sich vor, sechs Wochen später lernte ich ihn kennen. Und er ist genau so, wie ich ihn beschrieben habe. Wir sind jetzt seit drei Jahren verheiratet.«

Diese Geschichte habe ich so ähnlich inzwischen dutzendfach gehört. Also ehrlich, ich glaube nicht, dass da jemand in der himmlischen Bestellabteilung sitzt und Paare zusammenwürfelt. Ich bin aber davon überzeugt, dass die innere Entscheidung der Frauen, sich wieder auf die Liebe einzulassen, den Ausschlag gegeben hat, dass plötzlich der »Richtige« vor der Tür stand.

Evi, 56, traf ich neulich in Chemnitz nach einem Vortrag. Sie stürmte, einen Mann an ihrer Seite, auf mich zu und fragte: »Sabine, erinnerst du dich noch an mich? Ich war vor zwei Jahren in einem Seminar bei dir. Ich war die, die so unglücklich war.« Ich sah neugierig auf den Mann an ihrer Seite, der mich ebenfalls fröhlich und erwartungsvoll ansah.

Evi fuhr fort: »Ich war sehr unglücklich mit meinem damaligen Mann. Wir haben uns in den Seminarpausen lange darüber unterhalten. Und ich erinnere mich noch an deinen Satz, dass alles seinen Preis hat und dass wir uns entscheiden müssen, ob wir bereit sind, den Preis zu bezahlen. Ich habe danach auf der Zugfahrt nach Chemnitz entschieden, den Preis nicht mehr zu bezahlen und zuhause auszuziehen.«

Ich wies fragend mit dem Kopf auf ihren Begleiter.

Evi strahlte ihn an: »Das ist Martin, den habe ich eine Woche später kennengelernt. Das heißt, wir kannten uns schon lange, aber wir haben uns bei Freunden wiedergetroffen und uns gleich verliebt.«

Der Mann, der Martin hieß, schüttelte mir die Hand: »Frau Asgodom, ich kenne Sie auch schon sehr gut. Sie haben uns von Anfang an begleitet.«

Und das dritte Beispiel: Elisabeth, eine sehr erfolgreiche Werbeagentur-Chefin, war 48 und Single, als eine Bekannte zu ihr sagte: »Mensch, du und mein Bruder Olaf, ihr würdet gut zusammenpassen. Er ist seit einem Jahr geschieden und bräuchte dringend wieder eine Frau.«

Elisabeth weiß selbst nicht mehr, was sie ritt, einem gemeinsamen Abendessen mit diesem Bruder zuzustimmen. Das Essen war lustig, der Gesprächsstoff ging nicht aus, man fand sich sympathisch. Olaf erzählte, dass er für eine deutsche Firma in Kanada arbeitet. Elisabeth und Olaf trafen sich am nächsten Wochenende zum Kaffee. Und fanden sich schon sehr nett. Sie tauschten Adressen aus und mailten sich regelmäßig.

Die Zuneigung wuchs, und im Sommer flog Elisabeth für eine Woche nach Vancouver. Sie hatten eine wunderbare Zeit miteinander. Seitdem sehen sie sich viermal im Jahr, genießen die Urlaube miteinander und telefonieren ansonsten so oft sie mögen. Elisabeth weiß noch nicht, wie es weitergehen wird. Sie weiß nur, dass sie Olaf liebt. Und glücklich ist.

Geh dahin, wo sich Menschen treffen, die du magst.
Dann ist die Chance groß, dass du jemanden
kennenlernst, den du auch magst.

Aus den Dutzenden von Interviews, die ich mit Frauen jeden Alters über die Liebe geführt habe, habe ich eine Erkenntnis gewonnen: »Wenn du jemanden kennenlernen möchtest, geh dahin, wo sich Menschen treffen, die du magst. Dann ist die Chance groß, dass du dort jemanden triffst, den du auch magst.«

Alle Statistiken unterstützen diese Überlegung: Die wenigsten Liebespaare lernen sich in der Disco, im Museum oder auf Vernissagen kennen. Die meisten Frauen treffen ihren Traummann bei Partys im Bekanntenkreis, beim Sport im Verein oder ganz schlicht bei der Arbeit. Dort kommt man ins Gespräch, sieht sich regelmäßig und lernt sich lieben. Oder, wie Dean Martin es unvergesslich im Liebeslied-Klassiker gesungen hat: Everybody loves somebody sometime …

Seminarteilnehmerinnen, die Sehnsucht nach einem neuen Partner äußern, rate ich, das heimische Sofa öfter mal zu verlassen und sich unter Menschen zu mischen. Damit das Schicksal wenigstens eine Chance bekommt, sie mit ihrer »besseren Hälfte« zu vereinen. Mein Lieblingssatz: »Der Traummann wird nicht per Paketpost geliefert.« Worauf eine Frau neulich fröhlich protestierte: »Manchmal doch. Ich habe mich in meinen Paketboten verliebt, und wir sind jetzt ein Paar.« Ausnahmen bestätigen die Regel.

Everybody loves somebody sometime
Everybody falls in love somehow
Something in your kiss just told me
That sometime is now
Everybody finds somebody someplace

There's no telling where love may appear
Something in my heart keeps saying
My someplace is here
DEAN MARTIN

Es gibt übrigens einen kurzen Test, siehe Seite 72 f., mit dem Sie sehr schnell herausfinden können, wie gut Sie und Ihre neue Bekanntschaft zusammenpassen. Bei mehr als drei Übereinstimmungen, so haben Studien gezeigt, ist die Chance für eine dauerhafte Liebe groß. Durch diesen Test haben ein Klient und ich in einem Coaching herausgefunden, warum seine letzte Beziehung gescheitert war:

Uwe, 36, hatte keine einzige Übereinstimmung mit seiner Partnerin gehabt. Während er fünfmal in der Woche auf dem Fußballplatz war (er trainierte eine Mannschaft und spielte noch selbst), hasste seine Freundin Fußball und seine Sportsfreunde. Sie ging gern tanzen, er hasste tanzen. Er war ein Familienmensch und half gerne Verwandten und Freunden. Sie wollte gern mit ihm allein sein. Am Schluss wunderten wir uns, dass sie es überhaupt vier Jahre miteinander ausgehalten hatten. Ihm half die Erkenntnis, den Groll gegen seine Freundin abzubauen, die ihn »überraschend« von einem Tag auf den anderen verlassen hatte. Und es gab ihm neue Hoffnung, »die« Frau fürs Leben noch zu finden.

Übrigens: Auch für »alte Lieben« kann der kleine Test eine gute Möglichkeit zur Standortbestimmung sein.

Wie viele Gemeinsamkeiten haben wir (noch)? Es ist eine Chance, mal wieder ins Gespräch über die Liebe zu kommen. Wie stelle ich mir das Leben vor? Wie du? Das Ergebnis kann auch zu Überlegungen führen: Was hat uns am Anfang unserer Freundschaft so viel Spaß gemacht? Was könnten wir wieder einmal zusammen unternehmen?

Für Männer gilt die Suche nach Liebe natürlich ganz genauso wie für Frauen. Dietmar J. Langenmayer hat in der zweiten Liebesgeschichte sehr schön beschrieben, wie er sich auf die Suche nach Liebe gemacht hat. Denn gerade wenn sie auf traumatische Weise abhanden gekommen ist, weil uns der andere betrogen oder verlassen hat, brauchen wir Zeit, um wieder Zutrauen zu finden.

Liebe ist in der Welt, auch wenn wir gerade nichts davon spüren. Das beschreibt der amerikanische Psychiatrieprofessor und Autor Gerald G. Jampolsky in seinem wunderbaren Buch *Love is letting go of Fear,* auf Deutsch: *Lieben heißt, die Angst verlieren.* Im Vorwort zu diesem Buch findet sich die Geschichte des Mannes, der nach seinem Tod in den Himmel kommt. Gott zeigt ihm in einem Rückblick sein Leben. Der Mann sagt: »Mir fällt auf, dass in den guten Zeiten meines Lebens zwei Paar Fußabdrücke nebeneinander waren, und ich weiß, du hast mich begleitet. Aber in schlechten Zeiten war da nur ein Paar. Warum hast du mich in schlechten Zeiten verlassen?« Und Gott antwortet: »Das siehst du falsch, mein Sohn. In schlechten Zeiten habe ich dich getragen.«

Das Gefühl, getragen zu sein, auch in schwierigen Zeiten, ermöglicht die Hoffnung und die Bereitschaft zur Liebe. Ein traumhaftes Beispiel ist eine Szene aus dem Musical *Anatevka*. Der Milchmann Tevje ist mit seiner Frau Golde seit 25 Jahren verheiratet. Sie wurden damals von ihren Eltern traditionell vermählt und kannten sich vor der Eheschließung nicht. Tevje fragt in dem Lied »Ist es Liebe?«: »Was fühlst du eigentlich für mich, Golde?« Sie ist erst böse auf ihn, weicht aus: »Seit 25 Jahren wasche ich, koche ich, putze ich, gab dir fünf Töchter, melke die Kuh …«, um am Schluss zuzugestehen: »Seit 25 Jahren lebe ich mit ihm, lach mit ihm, wein mit ihm, ist sein Bett mein – das muss ja Liebe sein!« Was lernen wir daraus: Sogar in einer Ehe kann man sich ineinander verlieben (oder wiederverlieben). Und um das Risiko, sich auf Liebe einzulassen, geht es im nächsten Kapitel.

Quick-Check: *Wie gut passen wir zusammen?*

Wollen Sie wissen, wie gut Sie und Ihr Lebenspartner zusammenpassen? Hier ein kleiner Test. Sie finden 16 »Lebens-Schwerpunkte« aufgeführt. Diese 16 Aussagen hat der amerikanische Psychologieprofessor Steven Reiss[9] (Ohio State University) aus mehreren tausend Studien und Umfragen über das Thema »Glück« und den Lebensplänen für ihr Glück von mehr als 6000 Menschen herausdestilliert.

Kreuzen Sie die für Sie fünf wichtigsten Bereiche an. Bitten Sie danach Ihren Partner/Ihre Partnerin, dasselbe zu tun.

❑ 1 Aktiv sein (fit sein, sich bewegen, nicht faul rumsitzen).

❑ 2 Nur kein Stress (meine Ruhe haben, keine Hektik, Aufregung, Anstrengung).

❑ 3 Geborgenheit (ich möchte akzeptiert werden, wie ich bin, und nicht um meinen Platz oder für meine Interessen und Rechte kämpfen müssen).

❑ 4 Geregelt leben (mich an eine feste Ordnung und feste Abläufe halten).

❑ 5 Sparsamkeit (bloß nichts wegschmeißen, was man noch einmal brauchen könnte).

❑ 6 Kontakt (Menschen treffen, aus dem Haus und aus mir selbst herausgehen, Spaß haben).

❑ 7 Familie (für Partner, Verwandte und die Kinder da sein).

❑ 8 Wir-Gefühl (mich für andere Menschen und soziale Belange engagieren).

❑ 9 Anstand (loyal sein, nach Moral und Ehre leben).

❑ 10 Unabhängigkeit (allein sein, allein entscheiden, »nur keine Abhängigkeiten«).

❑ 11 Sexualität (Sexualität ausleben: möglichst oft und intensiv).

❑ 12 Essen (»meine Wünsche und Gedanken kreisen oft um die Ernährung«).

❑ 13 Wissen (interessiert, ja regelrecht neugierig sein, die Wahrheit suchen).

❑ 14 »In« sein (Eindruck auf andere Menschen machen, die wichtige Menschen kennen).

❑ 15 Macht (Einfluss haben, der Bessere, der Erste sein).

❑ 16 Gerechtigkeit (keine Ungerechtigkeiten hinnehmen, mir nichts gefallen lassen).

Jetzt vergleichen Sie, ob Sie und Ihr Lebenspartner
- die gleichen Lebens-Schwerpunkte setzen;
- dieselben Dinge im Leben wichtig finden und
- Ihr Lebensglück auf denselben Gebieten suchen.

Liebesgeschichte 2:

Freunde für immer

von Dietmar J. Langenmayer

Mein Leben, das in völlig geordneten Bahnen verlief, Familie, zwei Kinder, Haus und Garten, bekam plötzlich eine drastische Wende. Scheidung! Selbstverständlichkeiten, Sicherheiten, alles was mir ans Herz gewachsen war, habe ich verloren, so dachte ich und stellte fest, wie unwichtig manche Dinge wie Haus, Garten, alles Materielle für mich sind. Leider stellt man dann auch fest, wer die echten Freunde sind.

Also rein in das Berufsleben. Die Woche war gut verplant, die beruflichen Streicheleinheiten, die ich so dringend benötigte, wurden mir erteilt. Erfolg auf der ganzen Linie. Beruf okay. Privat? Gut ein halbes Jahr später entschloss ich mich, Urlaub zu machen. Meine erste Urlaubsreise alleine, eine neue Herausforderung. Ich entschied mich für Venezuela.

Die erste Woche verbrachte ich mit einer Gruppe von zehn Mitreisenden in den Regenwäldern am Orinoko-Fluss. Dieses Tal mit einem riesengroßen See, seinen vielen Wasserfällen und der einmaligen Flora versetzte mich in eine andere Welt – und in einen anderen Menschen zurück. Ich empfand mich als weiser, mächtiger Indianerhäuptling, der sein Territorium beherrscht und Macht über das große, weite Areal besaß. Ein Wohlgefühl, eine Verzauberung pur.

Am Ende dieser erlebnisreichen Woche ging es weiter zu

meinem nächsten Domizil auf die traumhafte Insel Marga-
rita, wo ich mich im Norden der Insel in einem tollen Hotel
einquartiert hatte. Am von Palmen gesäumten Strand schloss
ich bald mit einem T-Shirt-Verkäufer Freundschaft, Francisco. Und mit seiner »kleinen Schwester« Elsy, einer 23-jäh-
rigen Studentin, die in Caracas Informatik studierte und in
den Ferien ihre Familie besuchte. Elsy war ein sehr hübsches,
liebenswertes junges Mädchen mit einem geheimnisvollen,
immer lächelnden Gesicht, Augen wie ein Puma. Interessant
war unsere Kommunikation – sie sprach nur gebrochen Eng-
lisch, ich kein Spanisch. Trotzdem verständigten wir uns her-
vorragend mit Händen und Füßen, der allen Menschen ver-
trauten Körpersprache.

Ein junges Pärchen, Anfang 30, aus Deutschland gesellte
sich zu uns, und wir beschlossen, abends gemeinsam auszu-
gehen. Francisco nannte uns einen Treffpunkt, und er erzählte
von seiner Freundin, welche am Abend zu uns stoßen würde.
Beim Anblick von Gregorina blieb mir fast das Herz stehen. Sie
war eine traumhafte Erscheinung in einem hellgrauen, figur-
betonten Kleid, am Bein hochgeschlitzt, kaffeebraun, groß,
schlank, lange schwarze Haare, mit einem erotischen Lächeln.

Gregorina sprach nur Spanisch, aber ihre Augen verrieten
jeden Gedankengang. Mein leidenschaftliches Hobby Tanzen
kam mir jetzt zugute. Zu den karibischen Klängen versuch-
ten wir uns im Salsa-Tanz. Das Erlebnis des Abends war für
mich, die schlanke Schönheit in den Armen halten zu dürfen, ihr Lächeln einzufangen und ihre strahlenden Augen

zu genießen. So vergnügten wir uns alle bis in die späten Abendstunden. Um Mitternacht verabschiedeten wir uns gegenseitig mit einer leichten Umarmung, Gregorina und Elsy mit einem sanften Kuss auf die Wange.

Was mich am meisten erstaunte, war die liebenswerte Natürlichkeit dieser Menschen. Keiner fragte nach dem Alter, was machst du beruflich, was verdienst du in Deutschland, welches Auto fährst du. Alles für meine mir schnell ans Herz gewachsenen Freunde Nebensächlichkeiten. Wir erfreuten uns an der Musik, dem Tanz, unserer gegenseitigen Sprachbemühungen, an unserer Lebensfreude.

Ich war wie ausgewechselt. Von meinen Gefühlen her war ich wie ein Einheimischer, mit meinen zehn Brocken Spanisch kam ich bestens zurecht. Ich lebte so überzeugt diese herrlichen Urlaubstage, dass ich gar nicht wahrhaben wollte, als man mir meinen Rückflug ansagte. Nun kam er, der befürchtete Abschied.

Francisco, Elsy, Gregorina – sie kam extra zu Fuß aus dem drei Kilometer entfernten Hotel, in dem sie arbeitete – und die beiden Deutschen standen an der Hoteltreppe und drückten mich so sehr, dass mir fast die Luft wegblieb. Elsy überreichte mir einen kleinen handgeschriebenen Brief und deutete mir an, diesen erst im Flugzeug zu lesen. Francisco überreichte mir ein traditionelles Marmorei, welches ewige Freundschaft bedeutet.

Gregorina drückte mich, sah mich sehnsüchtig an und sagte zu mir ein Wort, dessen Bedeutung ich bis heute nur erahnen kann. Sie war sehr gerührt, Tränen flossen über ihre wunderbaren Wangen, mir erging es ebenso.

Auf dem Rückflug von Porlamar nach Frankfurt las ich den Brief von Elsy: »I will keep your friendship always in my heart. Friends forever«. Freunde für immer, jawohl. Darunter die Unterschriften von Elsy, Francisco und – Gregorina.

Meine Verzauberung dauerte etwa drei Monate. Viele Menschen, auch meine Kinder, sprachen mich an, was mit mir passiert sei. Heute weiß ich, es war die gegenseitige Achtung vor dem anderen, unabhängig vom Lebensalter, die liebenswerte, einfache, herzliche Art, die mir dieses Glück bescherte.

4 Ich darf Liebe riskieren

»Liebe macht blind. – Liebe macht abhängig. – Männer wollen doch immer nur das eine. – Lass dich nicht gehen. – Behalte die Kontrolle. – Lass dir kein Kind andrehen, dann sind sie weg. – Werde niemals von einem Mann abhängig. – Schau, wie es mir ergangen ist. – Verdiene immer dein eigenes Geld, bleibe unabhängig.« Petra M., 48, hat diese Sätze als junges Mädchen von ihrer Mutter Gertrud geradezu eingehämmert bekommen. Die Mutter selbst hatte früh geheiratet, ihren Beruf aufgegeben, drei Kinder bekommen. Und ihrer Tochter ständig vorgejammert, was sie damit alles aufgegeben hat.

Vor wenigen Wochen hat Gertrud ihre goldene Hochzeit gefeiert. Und ganz zufrieden neben ihrem Mann gesessen. Wie Petra wieder einmal festgestellt hat, ging es ihrer Mutter ganz gut mit ihrem Leben. Die Eltern freuten sich auf die Islandreise, die die beiden geschenkt bekommen hatten.

Und Petra? Hat immer die Kontrolle behalten. Sie hat einen braven Mann geheiratet, den sie unter Kontrolle hat. Hat einen ordentlichen Beruf ergriffen, der sie ernährt. Hat zwei Kinder bekommen, jetzt 19 und 17, für die sie sich verantwortlich fühlt. Hat immer weitergearbeitet, weil sie

nie von einem Mann abhängig sein wollte. Auch emotional hat sie sich nie von ihm abhängig gemacht. Hat nie die
Kontrolle verloren. Hat sich nie gehenlassen. Hat nie einen
Orgasmus bekommen, so oft sie auch miteinander geschlafen haben (nie!). Petra ist jetzt 48 Jahre alt und fragt sich
nach zwei Therapien: »Mutter, ist es das, was du gewollt
hast? Dass ich mir selbst das Liebesglück nehme?«

Viele Frauen haben den Weg zu wilder, unersättlicher
Liebe und sexueller Erfüllung nicht gewiesen bekommen,
sondern sind zu weiblichen Eunuchen erzogen worden, die
funktionieren, aber nichts spüren, die selbstkontrolliert, in-
timgepflegt und nicht hingabefähig sind. Sich bloß nicht
von Leidenschaft hinreißen lassen. Sich dem anderen bloß
nicht ausliefern. Und das heißt: Bloß nicht enttäuscht werden, bitte kein Drama. Verständlich, aber halbherzig.

So wie Petra. Sie empfand ihr Leben nicht direkt als unglücklich (»Siehste« hört sie ihre Mutter dabei sagen, »so
schlimm war es ja wohl doch nicht«). Aber eben auch nicht
als erfüllt. Sie hat einen Teil ihres Frauseins vernachlässigt,
unterdrückt, eingesperrt. Hat vernünftig gelebt. Aber un-
befriedigt.

Lieben heißt loslassen. Etwas riskieren. Es heißt spielen,
aber nicht auf Ergebnis. Es heißt auch leiden und traurig
sein und den anderen hassen. Und sich wieder versöhnen.
Die Weltliteratur lebt von den Dramen rund um die Liebe: »Doktor Schiwago« und »Vom Winde verweht«, Geschichten von der großen Liebe, nicht vom kleinen Glück.

Ursu Mahler, eine sehr erfahrene Coachingkollegin, hält Dramen im Leben von Frauen für die Vorbereitung auf die große Liebe. »Dramen erschüttern unsere Fundamente. Bringen alles durcheinander, was wir gelernt oder erwartet haben. Werfen die Glaubenssätze unserer Kindheit über den Haufen. Rauben uns vorgestanzte Überzeugungen wie ›Niemals würde ich …‹, oder: ›Ich weiß genau, wie ich …‹ Sie gewähren uns einen Blick ins wahre Erwachsensein. Und bereiten uns manchmal darauf vor, die Liebe fürs Leben zu erkennen, die auf uns wartet.«

ES IST WAS ES IST SAGT DIE LIEBE

Es ist Unsinn
sagt die Vernunft
Es ist was es ist
sagt die Liebe

Es ist Unglück
sagt die Berechnung
Es ist nichts als Schmerz
sagt die Angst
Es ist aussichtslos
sagt die Einsicht
Es ist was es ist
sagt die Liebe

Es ist lächerlich
sagt der Stolz
Es ist leichtsinnig
sagt die Vorsicht
Es ist unmöglich
sagt die Erfahrung
Es ist was es ist
sagt die Liebe

ERICH FRIED

Ein Drama könnte man das nennen, was Manuela, heute 47, als Studentin mit 24 erlebt hat. Sie verliebte sich in ihren Professor, einen verheirateten Mann von Mitte 40, und hatte mit ihm eine einjährige »Liaison«, wie man damals sagte. »Er war die Liebe meines Lebens. Das kann ich auch heute noch sagen. Wir waren abends mal mit einer Gruppe von Freunden Billard spielen. Während des Spiels flirteten wir heftig miteinander. Ich wusste, dass er verheiratet war, aber ich war verrückt nach ihm. Kurz bevor die Kneipe schloss, rief er zu Hause an, um Bescheid zu sagen, dass er nicht mehr kommen und im Büro übernachten würde. Wie selbstverständlich ging er mit mir in meine Wohngemeinschaft mit. Wir hatten eine unvergessliche Liebesnacht. Am nächsten Morgen haben meine WG-Kollegen nicht schlecht gestaunt, als der Herr Professor in meinem Morgenmantel in der Küche saß.

Mein Leben wäre ärmer gewesen ohne diese Erfahrung.

Ich war nicht naiv, ich wusste, er würde sich nicht von seiner Frau trennen, er war ein angesehener Professor, hatte zwei Kinder. Aber es hat sich so gelohnt! Wir haben viele Abende, manche Wochenenden zusammen verbracht. Es war das schönste Jahr meines ganzen Lebens. Und es waren die stärksten Gefühle meines Lebens. Natürlich liebe ich auch meinen Mann, und ich möchte mit ihm alt werden. Aber diese Intensität, diese Seelenverwandtschaft, nee, die habe ich nie wieder gespürt. Mein Leben wäre ärmer gewesen ohne diese Erfahrung.«

Liebe ist nicht praktisch. Partnerschaft ist praktisch, auf der kann man wie auf einem breiten Floß gepflegt durchs Leben gleiten. Liebe stellt das Leben auf den Kopf! Kostet so viel Zeit! So viel Kraft! Es könnte alles ganz wunderbar sein, wenn nicht diese verdammte Liebe alles durcheinanderbringen würde!

Walburga G. war 17 und noch Lehrling, als sie sich in einen Afrikaner verliebte. Die Eltern, traditionelle Bayern, waren entsetzt. Ihr Vater stellte sie vor die Alternative: »Du trennst dich von diesem Kerl, oder du bist nicht mehr meine Tochter.« Sie war verzweifelt: »Ich konnte doch ohne Emmanuel nicht mehr leben. Ich war so verliebt. Ich habe zu ihm gestanden.« Und ihr Vater verstieß sie (so etwas gibt es nicht nur im Roman). Walburga zog in ein Lehrlingswohnheim. Drei Jahre lang durfte sie nicht mehr nach Hause kommen, traf sich heimlich mit der Mutter in der Stadt. Als der Vater an Krebs erkrankte, besuchte sie ihn im Krankenhaus, und zwei Wochen vor seinem Tod versöhnten sie sich. Die Liebe hielt nicht viel länger. Aber Walburga, die heute Burgl genannt wird, ist eine mutige, zupackende Frau geworden, die sich gesellschaftlich engagiert. Und sie erzählt: »Ich wäre wahrscheinlich immer noch die kleine, schüchterne Walburga, die sich nichts traut. Durch Emmanuel bin ich stark und selbstbewusst geworden. Und in manchen Auseinandersetzungen höre ich seine Stimme: ›Lass dir nichts gefallen.‹«

Wenn's funkt, funkt's!

Liebe macht stark. Liebe weckt die Lebensgeister. Liebe weckt das Beste in uns. Und manchmal kommt Liebe zum falschen Zeitpunkt: Gerade wollte sie im Beruf durchstarten, gerade wollte sie in eine andere Stadt umziehen, gerade wollte sie das Abendstudium beginnen, gerade wollte sie sich in ihrem Leben einrichten. Und gerade ist sie nicht frei. Oder der andere nicht. Der Liebe ist das schnurzpiepegal. Wenn's funkt, funkt's.

Vielleicht haben Sie schon einmal den Begriff »Kairos« gehört, Kairos ist der griechische Gott für die günstige Gelegenheit und den rechten Augenblick. Heute benutzt man den Begriff allgemein für den rechten Augenblick. Und manchmal erwischt uns die Liebe nicht im rechten Augenblick. Des einen Herz steht in Flammen, der andere merkt es nicht einmal.

LIEBES-RAUSCHEN

Mein Herz hat dich wiedererkannt,
bevor meine Augen dich erblickt haben.
Saiten schlagen Akkorde des Glücks,
Schweres wird leicht.

Die Kugeln an meinen Füßen
zerplatzen seifenblasenschön.
Liebe ist unendlich,
auch unter Bleiplatten versenkt.

Liebe für immer, ganz egal, was
die Wirklichkeit für uns vorgesehen hat.
Ein verschenktes Herz
fordert man nicht zurück.

Lebenspläne scheuern aneinander
wie Erdplatten unterm Ozean.
Das Beben wirft riesenhohe Wellen an Land,
die dich losreißen vom Alten, Gewohnten.

Wir haben einander,
ob wir wollen oder nicht.
Wahrheit ist unsere Chance,
wie das Auslöschen von Angst.

Erst wenn wir endlich
nackt voreinander stehen,
sind wir gerettet.
Paradise is back.

S. A.

Sylvia K., 49, erzählt aus ihrem Leben: »Ich war die Hälfte meiner Teenagerzeit unglücklich verliebt: Die Jungs, die
ich haben wollte, haben in mir nur den Kumpel gesehen.
Der, der mich geliebt hat, war mein bester Freund, mein
Beichtvater, dem ich meine unglücklichen Liebesgeschichten erzählt habe. Aber er hat es mir nie deutlich gesagt, dass
er mich liebt. Als ich mich viel später in ihn verliebte, war
er verheiratet. Wir kamen nie zusammen. Erst als wir unsere unerfüllte Liebesgeschichte einmal besprochen und uns
voneinander verabschiedet haben, kam die Liebe in mein
Leben. Ich habe kurz darauf einen Mann kennengelernt,
mit dem ich glücklich bin.«

Diese Geschichte von Sylvia erinnert Sie vielleicht an
etwas. Nämlich wenn Sie *Lebe wild und unersättlich* gelesen haben, erinnern Sie sich an Sylvia und Harald. Sylvia
hatte im Kapitel »Ich darf Angst haben« erzählt, wie sie

Verzeihen können hilft

Junge Menschen erleiden oft eine doppelte Ungerechtigkeit: Fehler der Eltern und Zurückweisung in den ersten Lieben können bei ihnen zu großen seelischen Verletzungen führen. Die Fähigkeit zu verzeihen bedeutet
einen guten seelischen Schutz, so der Psychologe Mi-
chael J. Subkoviak von der University of Wisconsin.
Verzeihen heißt nicht, Menschen, die Unrecht getan
haben, freisprechen, sondern heißt: sich selbst freisprechen von der Befangenheit in der seelischen Situation,
in der einem Unrecht getan worden ist.,

Harald vor die Wahl stellte, entweder er trenne sich von
seiner Frau, oder sie bräche die Beziehung ab. Von Harald hat sie nach der dramatischen Aussprache nie wieder
etwas gehört. Das Kapitel ist offensichtlich abgeschlos-
sen, er hat sie »freigegeben«. Und nun hat Sylvia die Liebe neu entdeckt.

Manchmal verstreicht der »richtige« Zeitpunkt unge-
nutzt oder wird durch andere gestört. Eine witzige Liebesgeschichte hat dazu Nina-Charlotte Brockert geschrieben. Sie finden diese Liebesgeschichte 3 auf S. 90.

Die moderne Form des Bangens um den richtigen Augenblick haben junge deutsche Romanschriftstellerinnen wie

Ildikó von Kürthy *(Mondscheintarif)* oder Anette Göttli-
cher *(Wer ist eigentlich Paul)* eindrucksvoll beschrieben: Das
Warten am Telefon – »Ruft er an, ruft er nicht an?«, »Ich
kann ihn doch nicht anrufen!« Spielchen und Show, Missverständnisse und falsche Schlüsse.

Ist Mr. Right immer noch Mr. Gutgeföhnt-Gutverdiener?

Was mich als »ältere« Leserin an den Büchern so erschüt-
tert: Wie kleinmädchenhaft sich die Protagonistinnen verhalten. Bloß kein Risiko eingehen, Bauch einziehen und
abwarten. Sind das die gleichen jungen Frauen, die erst-
klassige Abschlüsse machen, im Job überzeugen, ihr Hand-
werk verstehen, sich gegen andere durchsetzen und Karriere machen? Die in der neuesten BRIGITTE-Studie
lauthals verkünden, sie wollen beides, Karriere und Kinder? Gibt es dazwischen noch so etwas wie Liebe und Leidenschaft?

Irgendetwas stimmt da nicht. Hat sich im Verhältnis zur
Liebe vielleicht in den letzten 50 Jahren viel weniger verändert, als wir denken? Wollen junge Frauen immer noch
»erobert« werden? Ist Mr. Right immer noch Mr. Gutge-
föhnt-Gutverdiener? Wollen sie kein Risiko eingehen, das
ihre Pläne durchkreuzen könnte? Siegt bei ihnen auch die
Vernunft? Lebt die Endzwanzigerin vielleicht viel weniger
»wild und unersättlich« als ihre Mutter?

Wenn dem so ist, kann man ihnen nur raten: Redet mal ehrlich mit euren Müttern und Tanten. Was diese in ihrem Leben geschätzt und was sie vermisst haben. Worauf sie mit 40, 50 gekommen sind. Was sie sich im Nachhinein gewünscht hätten, auch ganz ohne Groll. Und Müttern und Tanten kann man nur raten: Seid ehrlich mit den jungen Frauen. Und löst euch von altem Denken: Ach, mir hat's auch nichts geschadet.

»Liebe macht blind. Liebe macht abhängig. Und Männer wollen doch immer nur das eine. Lass dich nicht gehen. Behalte die Kontrolle. Lass dir kein Kind andrehen, dann sind sie weg. Werde niemals von einem Mann abhängig. Schau, wie es mir ergangen ist. Verdiene immer dein eigenes Geld, bleibe unabhängig …«

Ehe ist nie ein Letztes, sondern Gelegenheit zum Reifwerden.

JOHANN WOLFGANG VON GOETHE

Petra, die das von ihrer Mutter eingebläut bekommen hat, hat sich für Liebe und Leidenschaft entschieden, für Freiheit und Risiko. Sie hat ihrem fassungslosen Mann von ihrem Problem beim Sex erzählt. Er konnte es nicht glauben: 20 Jahre hatte sie ihm etwas vorgespielt? Er war verletzt, gekränkt, hat ihr unterstellt, dass sie ihn »fertigmachen« wolle. Er zog aus dem Schlafzimmer aus.

Aber sie wollte ihn gar nicht fertigmachen. Sie wollte nur raus aus dem Lügengespinst, der falschen Lust, der Einsamkeit danach. Wochenlang redeten sie und redeten. Stritten, schrien, weinten, beschuldigten sich. Verzweifelten am anderen. Und kamen sich so nah wie noch nie in ihrem Leben. Da beide davon ausgingen, dass ihre Ehe sowieso am Ende war, brach die Wahrheit hervor. Was sie immer schon gestört hatte, was er sich immer schon gewünscht hatte, was so richtig schiefgelaufen war, alles wurde ausgesprochen. Nach acht Wochen waren sie leer und erschöpft. Und schlossen Waffenstillstand.

Petra: »Plötzlich habe ich gemerkt, wie sehr ich ihn vermisse. Ihm ging es offensichtlich genauso. Wir sahen uns plötzlich wieder an. Wir konnten in einem Zimmer sein, ohne zu streiten. Ich sah ihn mit Zärtlichkeit an. Er berührte zufällig meine Hand. Irgendwann lagen wir uns in den Armen und weinten. Wir wollen es noch einmal versuchen. Und wir haben uns Hilfe geholt, wir treffen uns regelmäßig mit einer Eheberaterin. Noch sind wir scheu und vorsichtig. Aber die Hoffnung ist da, dass wir uns wiederfinden. Man könnte es fast Verliebtheit nennen.«

Was schwerer ist – Liebe anzunehmen oder Liebe zu geben, und was Achtsamkeit damit zu tun hat, beleuchte ich im nächsten Kapitel.

Liebesgeschichte 3:

Wenn die Mutter mit dem Manne – oder: Was dann noch für uns übrig bleibt
Von Nina-Charlotte Brockert

Die Menschen werden, dank des enormen medizinischen Fort-schritts immer älter. Diverse Kosmetika, Spa- und Wellness-farmen sorgen dafür, dass sie dabei auch jugendlich ausse-hen, und wenn das nicht hilft, bleibt noch das Messer. Die große Nachfrage lässt Plastische Chirurgen immer geschick-ter werden.

Dass junge Menschen – und vor allem Mädchen – immer schneller erwachsen werden, kommt erschwerend hinzu. Was daraus zwangsläufig resultiert, ist klar: Ein 15-jähriges Mäd-chen hat die ersten sexuellen und beziehungstechnischen Erfahrungen mit gleichaltrigen Jungs bereits gemacht und meist keine Lust mehr auf deren pubertäres Getue. Stimm-bruch und überdimensionierte Füße inklusive. Sie schaut sich also nach 19- bis 20-Jährigen um. Auf der anderen Seite ha-ben die wenigsten jung gebliebenen Mitvierzigerinnen mit Modelmaßen noch Lust auf einen Endfünfziger mit Bauchan-satz, mit dem sie vermutlich verheiratet wären, lebten sie zwanzig Jahre früher. Sie suchen sich also 30-jährige Adonis-Lover und genießen das Leben in der »No-Age-Ära«. Ist Ih-nen aufgefallen, dass jetzt ein Defizit an knackigen Männern für Frauen zwischen 20 und Ende 30 herrscht?

Meine Cousine Joy ist 31 Jahre jung und hat mich gerade

mit einer Neuigkeit ins K. O. geboxt. Eine Hochzeit steht ins Haus! Komisch, dachte ich, Joy wollte nie heiraten. Und hatte sie überhaupt einen festen Freund? In Sekundenschnelle rasten Tausende solcher Gedanken durch meinen Kopf. Dann erst begann ich zu verstehen. Und siehe da, ich hatte recht. Joy, die Freude aller Junggesellen, wie ich sie aufgrund ihres enormen Sexappeals nenne, will sich nicht ewig binden. Vielmehr versuchte Joys zitternde Stimme mir zu vermitteln, dass ihre Mutter vor den Traualtar treten wolle. Meine Tante ist 53, ihr Liebster wird noch dieses Jahr 40. Na und, versuche ich Joy und mir einzureden!? Männer haben schon seit jeher junge Frauen, und auch an uns ist nicht vorbeigegangen, dass Frauen im Zuge der Emanzipation ihre Liebhaber nicht mehr altersmäßig ein- oder ausgrenzen. Das sei verständlich – fair. Aber nicht für Joy. Ihre eigene Mutter hat einen »Jüngeren«. Dieser Mann ist 13 Jahre jünger als Tante Laura, aber nur acht Jahre älter als Cousine Joy. Rein hypothetisch gesehen könnte er ihre neueste Eroberung sein. Aber Joy ist draußen. Rote Karte. Spielt sie etwa seit Jahren in der falschen Liga? Und wenn ja, in welcher Liga sollte sie spielen? Sollte sie »back to the roots« einen 20 Jahre älteren Mann heiraten und Kinder bekommen, bevor es für ihn zu spät ist? Während meine Tante sich mit ihrem Superman vergnügt? Sollte sie ihr Augenmerk auf mit Jugend bekörperte Sportstudenten richten? Wissen die, was eine Frau will? Können jüngere Männer einer erfahrenen Frau mehr bieten als ihren straffen Körper? Ist die Emanzipation schon so

weit fortgeschritten, dass Frauen nichts als jugendliche Leidenschaft von einem Mann erwarten, und Männer bei reifen
Frauen großzügig über ihre Cellulite hinwegsehen, weil eine
Frau in erster Linie nicht schön zu sein hat, sondern erfolgreich und erfahren? Ist es das, worauf wir all die Jahre hin-
gearbeitet haben? Wenn ja, möchte ich reklamieren. So hatte ich mir das nicht vorgestellt. Und meiner Cousine geht
es ähnlich. Dass auch die eigene Mutter mit in den Ring
des Beziehungsmarkts steigen könnte, das war ihr nicht bewusst. Nicht, dass Joy wirkliches Interesse an ihrem Vater in
spe hätte. Die Vorstellung, ihre Mutter zum Standesamt zu
begleiten und sie in die Hände dieses »Mannes mit Mutter-
komplex« zu geben, die macht sie wahnsinnig. Sorge? Oder
sprechen wir hier doch über Eifersucht?

Das weiß nur Joy. Fakt bleibt, dass die Welt Mängel erlei-
det. Rufen wir den Notstand aus in der Überflussgesellschaft.
Mit FAIRNESS hat das schon lange nichts mehr zu tun. Für
alle Frauen erschließen sich neue Märkte bei der Männerjagd.
Nur für die nicht, die zu Fortpflanzungszwecken und aus hor-
monell bedingter Lust-Überfunktion nicht alleine sein sollten. Für all die Frauen, die »im heiratsfähigen Alter sind« –
wie der Volksmund fälschlicherweise noch immer das Alter
zwischen 20 und (dank des moderneren Denkens) 35 nennt –
gibt es kaum ledige Männer mit Zeit für die Liebe.

Sind Frauen zu anspruchsvoll geworden? Haben Männer
Angst vor gebärwilligen Frauen? Ist die männliche Freiheit
nicht mehr mit der Ehe dahin, sondern vielmehr mit dem

Kinde? Ist das der Grund dafür, dass sie sich verstecken und in keiner Bar, in keinem Café und keiner überfüllten U-Bahn mehr anzutreffen sind – bis du über 40 bist? Oder ist der gut aussehende Single-Mann um die 30 einfach vom Aussterben bedroht?

Wer weiß?! Fest steht nur, dass eine Frau, die sich binden will, um vielleicht in freudige Erwartung zu gelangen oder des Alleinseins einfach überdrüssig ist, aufgrund der Emanzipation keinen passenden Mann findet. Frau Schwarzer, Mrs. Steinem – wir brauchen neue Aspekte in der Frauensolidarität! Die Emanzipation muss umstrukturiert werden, ein Appell muss rausgehen an die Menschen dieser Welt: »Schuster bleibt bei euren Leisten – und ihr Frauen bei eurer Generation!«

5 Ich darf Liebe annehmen

Es ist manchmal so schwer, Liebe zu geben und gleichzeitig zu nehmen. Katalyn, 29, erzählt: »Wir haben uns eine neue Kaffeemaschine gekauft. Ich probiere das erste Mal, einen Cappuccino hinzubekommen, so wie im Café. Ich male mit der aufgeschäumten Milch ein Herz obendrauf. Und bringe eine Tasse meinem Freund, der für seine Meisterprüfung büffelt. ›Besser habe ich es nicht hinbekommen‹, sage ich. Ihm kommen Tränen, wortlos nimmt er mich in den Arm. Küsst mich, hält mich fest, streichelt meinen Rücken. Ich bin völlig aufgeregt, spüre sein klopfendes Herz, drücke mein Becken gegen ihn, möchte mit ihm verschmelzen. So stehen wir minutenlang, ohne zu reden. Dann reißt er sich los, wischt sich über die Augen und sagt: ›Jetzt muss ich aber weiterarbeiten.‹ Hei, wenn ich er wäre, würde ich mich packen und aufs Bett schmeißen, lieben, wahnsinnig, ungehemmt. Warum sind Männer so schrecklich vernünftig? Liebt er mich denn nicht? Begehrt er mich nicht? Vielleicht bin ich nicht attraktiv genug? Ach, alles dreht sich nur um seine verdammte Prüfung.«

Moritz, 33, erinnert sich auch an diese Situation: »Ich lerne für meine Meisterprüfung. Eigentlich müsste ich schon viel weiter sein. Ich habe Angst, dass ich nie fertig werde. Katalyn kommt und stellt mir einen Cappuccino aus unserer neuen Kaffeemaschine hin und zeigt mir das Herz, das sie für mich draufdrapiert hat. Ich bin überwältigt, Tränen schießen mir in die Augen. Ich habe sie so lieb. Und dass sie mich liebt, obwohl ich so langweilig bin und ihr so gar nichts bieten kann, das macht mich fassungslos. Ich halte sie im Arm, sie drückt sich an mich. Ich begehre sie. Aber da tauchen störende Gedanken in meinem Kopf auf: ›Du musst weiterarbeiten, sonst schaffst du das nie.‹ Wir küssen uns, wortlos, ich bin völlig überwältigt. Dann drängen sich wieder die Gedanken dazwischen: ›Wenn du deine Prüfung nicht schaffst, wirst du sie verlieren. Sie will bestimmt nichts mit einem Loser zu tun haben.‹ Ich reiße mich los und will weiterarbeiten. Dann sehe ich ihre traurigen Augen, ihr enttäuschtes Gesicht. Völlig verloren steht sie neben mir mit hängenden Schultern. Ich habe es wieder versaut. Was ich mache, ist falsch. Dabei liebe ich sie so sehr!«

Ich bin ein ganz normales Mädchen, das geliebt werden möchte!

JULIA ROBERTS IN »NOTTING HILL«

Wenn die Liebe verstummt, beginnen die düsteren Gedanken. Wenn Paare nicht über das reden können, was sie bewegt, bietet das Raum für Mutmaßungen. Sie denkt, er denkt, dass sie denkt ... Weil ja keiner offen ausspricht, was er wirklich denkt, kommen die alten Muster im Kopf des anderen zum Einsatz. »Wenn mein Vater so drauf war, dann ...« – »Bei meiner letzten Freundin war das genauso, immer hat sie ...« – »Bestimmt will er auch nicht, ...« – »Wahrscheinlich liegt es an ...«

Außerdem werden die schlechten Erfahrungen gespeichert: »Versuch es gar nicht erst, bestimmt wird er ...« – »Ach es hat ja doch keinen Zweck.« – »Dräng dich nicht auf; das mag er nicht.« – »Pass dich an; sei, wie er dich haben will.« Schon beginnt das Abrücken vom ungewünschten authentischen Ich, wird die Rolle wichtiger als das Sein.

Die Folge: Menschen beginnen zu reden, wie sie glauben, dass sie reden sollten; sie verhalten sich, wie sie glauben, dass sie sich verhalten sollten; irgendwann fühlen sie, wie sie glauben, fühlen zu sollen. Sie verleugnen ihre Wünsche, missachten ihre Bedürfnisse, verachten dafür den Partner. Das gilt für Frauen genauso wie für Männer.

Katalyn hat Riesenglück. Sie hat kurz vorher ein Buch gelesen, ein kleines Bändchen Lebenskunst, *Mein Weg zu dir – Kontakt finden und Vertrauen gewinnen.* Es ist von einer der wichtigsten Familientherapeutinnen der Welt, Virginia Satir. Das Büchlein liegt noch auf dem Nachttisch.

Katalyn liest nach: Die fünf Freiheiten:
- Die Freiheit, das zu sehen und zu hören, was im Moment wirklich ist.

- Die Freiheit, das auszusprechen, was ich wirklich fühle und denke.
- Die Freiheit, zu meinen Gefühlen zu stehen.
- Die Freiheit, um das zu bitten, was ich brauche.
- Die Freiheit, in eigener Verantwortung Risiken einzugehen.

Sie nimmt sich ein Herz und geht noch einmal zurück ins Wohnzimmer. »Moritz, bitte, ich muss noch einmal mit dir reden. Ich weiß, du musst lernen …« Moritz steht auf und will sie in den Arm nehmen, überwältigt von schlechtem Gewissen und tiefer Liebe.

Katalyn macht sich los. »Bitte, lass uns kurz sprechen. Ich weiß nicht, was da eben passiert ist. Und ich bin wahnsinnig traurig. Ich denke, du liebst mich nicht mehr. Ich möchte wissen, was du gedacht hast, als ich in deinem Arm lag. Willst du mich denn gar nicht mehr?«

Und sie erkannten sich – das ist das Synonym für Liebe.

Moritz setzt sich ihr gegenüber und schaut sie an. »Wie kannst du nur glauben, ich will dich nicht mehr? Hast du denn das nicht gespürt? Ich habe Angst, dass du mich nicht mehr liebst, wenn ich nicht endlich mal fertig werde. Wenn ich jetzt nicht konzentriert weitermache, bekommen wir noch mehr Stress …«

Sie schauen sich an, sie reden, sie sind ehrlich. Ihre Herzen verlieren die Angst. In der Bibel steht: »Und sie erkannten sich.« Das ist das Synonym für Liebe.

Die Familientherapeutin Virginia Satir beschreibt die häufig vorkommenden »Katastrophenängste« in Partnerschaften so: »Wenn ich dir sage, was ich (über dich) denke und fühle, dann wirst du es nicht aushalten und entweder tot umfallen oder mich umbringen oder mich verlassen.«

Sie nennt die Chance, dem partnerschaftlichen Teufelskreis zu entkommen, die absolute Ehrlichkeit sich selbst gegenüber, »Kongruenz«. Nur so entkommen Menschen den Machtspielchen in der Beziehung, die viele brauchen, um sich wichtig zu fühlen: »Ja, ich bin wirklich ärgerlich«. Wenn du sagst, was du denkst, kann der andere dich ernst nehmen. Wenn du hörst, wie der andere sich fühlt, kannst du auf ihn eingehen. Der chinesische Philosoph Laotse soll schon vor 2600 Jahren geschrieben haben: »Nur der kann lieben, der sich selbst liebt.« Liebe beginnt mit Achtsamkeit. Nehmen, was ist, wie es ist. Das gilt für die Liebe zueinander und gilt für das Verhältnis zu sich selbst. Auch die Einzelne muss sich selbst »erkennen«.

Manchmal braucht es einige Zeit, bis man das mit der Selbstliebe hinbekommt. Bettina, 47, erzählt: »Als ich jung verheiratet war, las ich einmal den Spruch ›Du bist nicht auf der Welt, um so zu sein, wie andere dich haben wollen‹. Ich habe diesen Spruch neben mein Bett gehängt, und er hat mein Leben verändert. Nach und nach konnte ich mich von meiner ängstlichen, angepassten, leicht zu erschreckenden und dadurch manipulierbaren Seite lösen und selbstbewusster werden. Mein Mann musste ziemlich viel einstecken in dieser Zeit. Aber: Als der Prozess einmal in Gang gesetzt wurde, gab es für mich keine Alternative mehr. Wir waren ein paar Mal kurz vor der Trennung. Wir haben aber eine gute, tragfähige Basis gefunden, um zusammenzubleiben.«

Lebenskunst heißt: In den vielen kleinen Momenten, in denen das Leben tatsächlich stattfindet und aus denen sich ein Tag, ein Jahr und das ganze Leben zusammensetzen, möglichst geistesanwesend und achtsam zu sein. Achtsam für uns selbst und den anderen, mit dem wir leben wollen. Zur Achtsamkeit gehört Annehmenkönnen. Das heißt, erst einmal erkennen, was überhaupt ist. Und dann mit dem, was wirklich ist, etwas anfangen: akzeptieren, zulassen, schützen, fördern, damit spielen oder es ändern.

Für viele Frauen bedarf es eines großen Schritts, annehmen zu können, geliebt zu werden. Übrigens nicht nur für ältere, die noch gelernt haben »Sei nicht so eitel« oder »Sei bescheiden«. Sondern ganz offensichtlich auch für jüngere. In dem schönen Lied der Gruppe Silbermond »Das Beste«, das ich wirklich wunderbar finde, heißt es tatsächlich:

»Viel zu schön ist es mit dir,
wenn wir uns gegenseitig Liebe schenken.
Betank mich mit Kraft,
nimm mir Zweifel von den Augen.

Erzähl mir tausend Lügen,
ich würd sie dir alle glauben.
Doch ein Zweifel bleibt,
dass ich jemanden wie dich verdient hab.«

Ich habe es in einem früheren Kapitel schon geschrieben und wiederhole es extra: Liebe kann man nicht verdienen, Liebe bekommt man geschenkt. Die Kunst ist es, dieses Geschenk auch annehmen zu können. Wir werden geliebt, weil wir so sind, wie wir sind, und manchmal, obwohl wir so sind, wie wir sind!

Claudia, 59, und Walter, 62, sind seit einem Jahr ein Paar. »Späte Liebe« nennt man das allgemein. Beide haben schon mehrere Partnerschaften hinter sich. Und haben sich Hals über Kopf verliebt, als sie sich auf einem Fest vorgestellt wurden. Sie haben an diesem Abend angefangen, miteinander zu reden, und bis heute nicht aufgehört. Sie interessieren sich für den anderen, wie er denkt, wie er fühlt, wie er tickt.

LIEBESBRIEF

»Warum ich dich liebe? Weil alle meine Antworten nicht stimmen. Es kommt etwas von dir, was ich vorher nie gespürt habe, an mir, in mir. Habe vorher nie gewusst, dass ich zu einer solch innigen Liebe fähig bin, die im Geben, aber auch im Nehmen besteht.«

Und beide haben sich gestanden, dass sie es gar nicht fassen können, dass sie geliebt werden. Dem anderen die Liebe zu versichern, ist einfach, aber dem anderen zu glauben, fällt beiden schwer. Im Interview beschreibt Claudia Walter in leuchtenden Farben. Aber wenn sie zuhört, wie er das Gleiche über sie sagt, schüttelt sie ungläubig den Kopf.

Vor allem, wenn er schwärmt, wie schön sie sei, wird sie fast wütend. Sie denkt an die Cellulite an ihren Oberschenkeln, ihren Schwabbelbauch und die laschen Oberarme. Er sieht ihr schönes Gesicht, ihre strahlenden Augen, ihre festen, zupackenden Hände, ihre vollen Brüste, ihre weiche Haut, ihre warme, einladende Weiblichkeit. Er liebt alles an ihr. Sagt er und zeigt es ihr.

Claudia glaubt ihm schon, dass er es so sieht: »Schließlich hat er Tomaten auf den Augen.« Aber dass es wirklich so ist, das kann sie nicht glauben. Besser: Konnte sie nicht glauben. In letzter Zeit merkt sie, dass sie sich manchmal im Spiegel zulächelt, statt kritisch das Gesicht zu verziehen.

In einer Studie wurde festgestellt, dass 75 Prozent aller jungen Frauen in ihrer Jugend wegen ihres Aussehens gehänselt wurden. Häufigste Spottobjekte: Gesicht und Gewicht. Der Spott kam vor allem von Freunden und Freundinnen, Brüdern und der Mutter (ganz selten vom Vater). 50 Prozent der Mädchen bekamen in dieser Zeit sogar einen Spottnamen. Schmerzliche Grundlage, so die Wissenschaftler, für anhaltende Selbstzweifel bei Frauen.[10]

Die häufigsten Kränkungen erleben Mädchen in und

nach der Pubertät. Bis zum Alter von zehn Jahren sind sie meist noch gewitzt und schlagfertig, fröhlich und emotional offen, wie Studien der feministischen Psychologin Carol Gilligan zeigen. Diese Mädchen stehen zu den eigenen Gefühlen und zum eigenen Körper in Kontakt. Ihre Stimme, so die Professorin von der New York University, kommt noch aus der Mitte ihres Körpers. Nach diesem Kindheitsstadium setzt die Verunsicherung bei Mädchen ein. Sie verlieren in der frühen Adoleszenz ihr als authentisch erlebtes Selbst. Sie werden »zickig«, wie man dann sagt. Sie werden wegen der körperlichen Veränderungen gehänselt, schämen sich dafür. Am besten erkennt man die Verunsicherung, so die Studie, an der Stimme, sie wird schauspielerisch und unecht, als probierten sie ein anderes Selbst aus.

In dieser Zeit werden Mädchen angepasst und verunsichert, werden von dem Bild von Weiblichkeit beeinflusst. Und war das in meiner Generation noch Fürsorglichkeit und Opferbereitschaft, Rücksichtnahme und hingebungsvolle Liebe, scheint es heute mehr um Idealgewicht und Styling, Hip-sein und In-sein zu gehen, was die jungen Mädchen prägt. Was bleibt, ist oft der Verlust der Authentizität und des warmen Vertrauens, dass die junge Frau liebenswert ist, so wie sie ist.

Wie wichtig die eigene Mutter in diesem Zusammenhang ist, können wir uns alle vorstellen. Wenn sich auch die Mutter nur nach äußeren Normen richtet, die Tochter schon früh auf die Erwartungen anderer einschwört, wird der Staffelstab der Künstlichkeit und Angepasstheit weitergegeben. Wenn die Mutter es aber schafft, die Tochter zum Eigenständigsein und zur Selbstliebe, zur Wahrnehmung eigener Gefühle und Wünsche zu ermutigen, schafft sie damit die Grundlage für das Annehmen-Können von »Geliebtwerden«.

Ob die Socken im Wäschekorb landen oder nicht, erzeugt Regelungsbedarf, keine Liebeskrise.

Liebe ist kein Grundmengen-Vergleich: Liebst du mich so viel, liebe ich dich genauso viel. Liebe ist da. Und meint den Menschen, wie er ist. Von Paul Watzlawick, dem Autor der *Anleitung zum Unglücklichsein,* stammt der schöne Buchtitel *Wenn du mich wirklich liebtest, würdest du gern Knoblauch essen.* Echte Liebe kennt kein »Wenn«. Sie lebt vom ehrlichen Umgang miteinander – nicht lügen, nicht betrügen, nicht bestehlen. Aber ob die Socken im Wäschekorb landen oder nicht, erzeugt Regelungsbedarf, keine Liebeskrise.

Um das Einzigartige in der Liebe zweier Menschen besser zu verstehen, hat der Psychologe Robert Sternberg, Professor an der Yale University, einen witzigen Vergleich geschaffen: Wir können uns unser Leben als Buchladen vorstellen mit einem reichhaltigen Angebot an verschiedenen Interessensgebieten. Ein unbegrenztes Sortiment an Erfahrungsberichten in verschiedenen Abteilungen: Liebesromane, Abenteuerbücher, Beziehungsratgeber, Karriereführer, Kochbücher, Fitnessratgeber, Reiseführer, Krimis, Gartenliteratur. Und je nach unseren Neigungen »landen« wir in einer dieser Abteilungen.

Leben ist ein Buchladen, Liebe ist ein Buch.

Tritt nun ein neuer Mensch in unser Leben ein, ist es für die Beziehung von Vorteil, wenn er in derselben Abteilung des Buchladens heimisch ist wie wir selbst, uns also in den Lebensinteressen eher ähnlich ist. Wenn Krimi auf Erbauungsliteratur trifft, sind Übereinstimmungen selten.

Sternbergs Vergleich geht weiter: Jeder Mensch ist nicht nur ein Leser, sondern schreibt selbst das Buch seines Lebens. Liebe ist die Fortsetzung der eigenen Autobiografie. Deshalb ist es günstig für die »Lovestory« zweier Menschen, wenn beide am selben Manuskript schreiben – und zwar gleichberechtigt. Heißt, sich einander nichts »vorschreiben«. Aber auch nicht, vom anderen abschreiben. Sondern sich auf einen gemeinsamen Text, ein gemeinsames Drehbuch für ihr Leben zu dritt einigen. Zu dritt? Ja. Denn es gibt mein Leben. Es gibt dein Leben. Und es gibt unser Leben.

Jede Lovestory enthält ein hohes Maß an Fantasie, auch wenn Fakten zugrunde liegen. Deshalb gehen neben den blanken Tatsachen auch immer Hoffnungen, Bewertungen und Falschinterpretationen in das »Book of Love«, in das Buch der gemeinsamen Liebe ein. Gut scheinen Ehen zu laufen, in denen Menschen sich nicht nur an der Realität orientieren, sondern die Wunsch- und Idealwelt vom Partner zum wesentlichen Teil der Lovestory machen.

Was heißt das für den Alltag? Versuche verheißungsvoll zu schreiben, unterstützend und hoffnungsfroh. Lege den Fokus auf die positiven Erfahrungen und nicht ständig den Finger in die Wunde. Es sich schön zu machen, ist wichtiger als recht zu haben. Leben zu genießen besser als kritisch Buch zu führen. Die Autorin Ursula Ott hat das in einer Ausgabe der Zeitschrift *Chrismon* so wunderbar formuliert: »Was krieg ich dafür? – Nichts macht die Liebe mehr kaputt als dieser Satz. Dann kann man ja gleich eine Aktiengesellschaft gründen.«

Am gemeinsamen Buch der Liebe zu schreiben heißt, den anderen gut aussehen zu lassen, nicht nur auf den eigenen Vorteil zu setzen. Wenn es mir wichtiger ist, dass es dem anderen gut geht, ist die Chance, glücklich zu sein, am größten. Funktioniert allerdings nur, wenn beide so denken.

Stefanie war 36, als sie Björn, 29, kennenlernte. Sie war als Projektmanagerin für ein Automobilunternehmen viel unterwegs, er arbeitete manchmal freiberuflich als Grafiker für ihre Abteilung, war aber offensichtlich nicht ganz so erfolgreich. Sie gingen öfter Kaffeetrinken und trafen sich auch schon mal abends auf ein Glas Wein.

In den ersten Wochen ihrer Bekanntschaft war sie sich nicht ganz im Klaren: Was wollte er von ihr? Wollte er beruflich Nutzen ziehen? War er an ihr als Frau interessiert?

Sie merkte, dass sie ihn gern hatte, sich auf die Treffen freute, in Tagträumen an ihn dachte, auf seinen Anruf wartete. Bald trafen sie sich zwei-, dreimal die Woche. Björn war stets aufmerksam, lustig, liebevoll, aber zurückhaltend.

Irgendwann musste sie nach England zu einem Lieferanten reisen. Björn bot ihr an, sie zum Flughafen zu fahren. Ihr Herz schlug höher. Als sie sich am Flughafen verabschiedeten, nahm er sie kurz in den Arm und sagte: »Wenn du willst, hole ich dich auch wieder ab.« Sie nickte erfreut. Und er fügte hinzu: »Wenn du willst, brauchst du nie mehr allein zum Flughafen zu fahren oder nach Hause zu kommen.«

DASS DU MICH LIEBST ...

Dass du mich liebst, das wusst' ich,
Ich hatt' es längst entdeckt;
Doch als du mir's gestanden,
Hat es mich tief erschreckt.
Ich stieg wohl auf die Berge
Und jubelte und sang;
Ich ging ans Meer und weinte
Beim Sonnenuntergang.
Mein Herz ist wie die Sonne
So flammend anzusehn,
Und in ein Meer von Liebe
Versinkt es groß und schön.

HEINRICH HEINE

106

Liebesfragen

Liebe geben und Liebe nehmen bedeutet, ehrlich miteinander reden. Hier ein paar hilfreiche Fragen, über die sich neue Liebende besser kennenlernen können:

- Wie will ich leben? Wie willst du leben? Wie wollen wir leben?
- Was ist mir wichtig? Was ist dir wichtig? Was ist uns wichtig?
- Was habe ich gesucht? Was hast du gesucht? Was suchen wir?
- Was erwarte ich von dir? Was erwartest du von mir? Was erwarten wir von uns?
- Wie will ich zukünftig leben? Wie willst du zukünftig leben? Wie wollen wir zukünftig leben?
- Was will ich mit dir teilen? Was willst du mit mir teilen? Was wollen wir teilen?
- Was will ich nicht mit dir teilen? Was willst du nicht mit mir teilen? Was wollen wir nicht teilen?
- Was bin ich bereit aufzugeben? Was bist du bereit aufzugeben? Was sind wir bereit aufzugeben?
- Was nicht?

Stefanie erzählt: »Mein Herz schlug Purzelbäume. Das war die schönste Liebeserklärung, die ich mir vorstellen konnte. Seitdem sind wir zusammen. Es ist der Himmel auf Erden.«

Annegret, 57, lebt seit 20 Jahren mit ihrer Freundin Elly, 62, zusammen. Erst war es eine Zweckgemeinschaft, die Frauen verstanden sich gut. Als Elly einmal schwer erkrankte und länger im Krankenhaus lag, wurde Annegret auf einmal klar, wie sehr sie Elly vermisste – und dass es weit mehr als Freundschaft war. »Es ist Liebe, tiefe Liebe, Elly ist mein Leben«, sagt sie heute. Als ihre Freundin aus der Reha zurückkam, überraschte Annegret sie mit einem frisch renovierten Schlafzimmer – mit Doppelbett.

»Elly wurde rot wie eine junge Braut, als sie es sah«, erzählt Annegret strahlend. »Sie sah mich in einer Weise an, dass ich dahinschmelzen wollte. Wir haben seither keine Nacht mehr getrennt verbracht.«

Loni, 44, und Gerd, 51, beide »eigentlich« überzeugte Singles, waren sich im Betrieb nähergekommen. Loni arbeitete als Näherin und Gerd als Maschinenführer in einem Textilunternehmen. Sie fanden sich sympathisch, spielten zusammen Volleyball im firmeneigenen Sportverein, und Loni hatte das Gefühl, da könnte mehr draus werden.

Auf einer Betriebsfeier saßen sie mit mehreren Kollegen an einem Tisch zusammen, lachten, scherzten. Bis Gerd anfing, über die Geschäftsleitung zu schimpfen, er hörte gar nicht mehr auf. Die Stimmung sank, die Kollegen sahen sich an. Plötzlich sagte Loni ziemlich barsch: »Gerd, man kann auch einfach mal die Klappe halten!« Er hörte auf zu reden und sah sie überrascht an. Er öffnete den Mund – und schloss ihn wieder. Den ganzen Abend blieb er ruhig.

Loni: »Ich hätte mich in den Hintern beißen können. Warum hatte ich ihn vor den Kollegen so abgekanzelt? Es tat mir so leid. Ich dachte wirklich, jetzt habe ich es versemmelt.«

Als sie sich am nächsten Morgen in der Kantine wieder trafen, ging sie entschlossen auf ihn zu. »Du, es tut mir leid wegen gestern Abend. Ich wollte nicht so barsch sein.« Gerd sah sie an und grinste: »Entschuldige dich nicht. Du wirst es sowieso wieder tun. Und weißt du was, das gefällt mir an dir. Denn du hattest einfach recht.«

Es gibt so vielfältige Möglichkeiten, sich die Liebe zu gestehen. Das waren hier nur einige Beispiele. Sie machen klar: Es geht nicht um Mondschein und Geigenmusik und den ganzen romantischen Tinnef oder Schnickschnack. Es geht um das überwältigende Gefühl, diesen Menschen an sich zu binden. Oder, wie mein Mann ganz ernsthaft sagt: »Eine Liebeserklärung ist das Gegenteil der Unabhängigkeitserklärung, es ist die Abhängigkeitserklärung. Aus freien Stücken, glücklich hinein in die Abhängigkeit.«

Eine wunderbare Liebeserklärung an ihren Mann, einen »Gebrauchten«, hat übrigens Beate Kanisch in der Liebesgeschichte Nr. 4 aufgeschrieben, die Sie am Ende dieses Kapitels finden.

Die Mathematik der Liebe: Glücklich mit der 5:1-Regel.

Der amerikanische Paarforscher Professor John Gottman[11] untersucht seit Jahrzehnten, was Beziehungen haltbar macht, und entwickelte dabei die »Mathematik der Liebe«. Er kann beispielsweise bei Paarbeobachtungen in seinem »Love-Lab« genannten Untersuchungs-Apartment nach drei Minuten sagen, ob die Liebe halten wird. Und behält damit nach eigenen Aussagen zu 90 Prozent recht. Er stützt seine Einschätzung auf die Art und Weise, wie das Paar zueinander sitzt oder steht, wie es sich ansieht und wie es miteinander spricht und diskutiert. Er sagt: »So wie man den Tanz der Bienen entschlüsselt hat, kann man auch die Körpersprache von Paaren entschlüsseln.«

Die Grundformel der Liebe heißt nach seiner Erfahrung: 1. Nur wer die grundsätzlichen Wünsche seines Partner akzeptiert, kann mit einer längerfristigen Beziehung rechnen. 2. Im Streit zeigt sich, ob zwei Menschen die gleiche Sprache sprechen, und 3., ob ihnen die emotionale Nähe zum Partner wichtiger ist als die Ursache der Auseinandersetzung.

Gottman: »Partner, die die Eigenschaft haben, sich einander eher zuzuwenden, als sich voneinander abzuwenden, zahlen etwas auf ihr gegenseitiges Gefühlskonto ein.

Sie schaffen sich eine emotionale Spareinlage, die ihnen als Rücklage dienen wird, wenn die Zeiten einmal schlechter werden. Weil sie all diesen guten Willen gesammelt haben, wird es ihnen leichterfallen, großzügig miteinander zu sein, wenn ein Konflikt entsteht. Sie können sich eine positive Einstellung zueinander bewahren und so ihre Ehe auch in schweren Zeiten erhalten.«

Deswegen hat er die »Fünf-zu-eins-Regel« für die glückliche Partnerschaft entwickelt, die faszinierend einfach ist: »Wenn die Beziehung haltbar sein soll, müssen die Partner sich fünfmal so oft etwas Nettes sagen wie sie sich kritisieren.«

Sprich: Für eine Kritik »Das war ja wohl nichts« braucht es fünf positive Rückmeldungen, also entweder ein Lob, ein Kompliment oder ein Dankeschön wie:

»Finde ich gut, wie du …«

»Gefällt mir, dass du …«

»Toll, dass du daran gedacht hast, …«

»Wow, klasse.«

»Hmmm, lecker.«

Aber mehr als das: Es braucht das Fünffache an positiven Erlebnissen. Für eine Stunde, die ich meinen Partner unglücklich gemacht habe, braucht es fünf Stunden, in denen ich ihn glücklich mache. Das ist schon schwerer, als fünf nette Sätze als Ausgleich für ein böses Wort zu finden.

In jeder Beziehung gibt es irgendwann ein Missverständnis, eine falsche Reaktion, eine Unachtsamkeit, eine

Fünf Stunden mehr bringen's

Was machen Paare, die lange zusammenbleiben, anders? Sie investieren im Vergleich zu anderen zusätzliche fünf Stunden pro Woche in ihre Ehe. Und das scheint zu reichen:

- **Sie investieren 2 Minuten** an den fünf Werktagen morgens vor der »Trennung für den Tag«, in denen sie herausfinden, was der andere an diesem Tag macht (das macht 10 Minuten pro Woche).

- **Sie investieren 20 Minuten** an den fünf Werktagen abends, an denen sie »easy« miteinander reden: »Das war heute bei uns los ...«, »Hast du gelesen, dass ...«, »Jochen hat heute angerufen. Er hat ...« (das macht 100 Minuten pro Woche).

- **Sie investieren 5 Minuten** an den sieben Tagen der Woche, in denen sie sich ehrlich empfundene Bewunderung und Dankbarkeit versichern: »Das war genial, wie du unseren Hausbesitzer überzeugt hast, ...« (das macht 35 Minuten pro Woche).

- **Sie investieren 5 Minuten** an den sieben Tagen der Woche, in denen sie sich in den Arm nehmen, sich berühren, sich packen, sich halten und küssen (das macht 35 Minuten pro Woche).

- **Sie investieren 2 Stunden** einmal pro Woche für eine Verabredung nur zu zweit.

(nach Professor John Gottman)

Stunde des gegenseitigen Unglücklichmachens. Das falsche Wort, die enttäuschte Erwartung, das Nichterkennen von Bedürfnissen – und schon dreht sich der andere frustriert auf die Seite. Dies zu verhindern ist fast unmöglich. Aber Rettung naht: Stehen dieser Unglücksstunde viele glückliche Sternstunden gegenüber, hat sie keine anhaltende negative Wirkung.

Lieben heißt, die Unterschiedlichkeit des anderen erkennen und akzeptieren. Ihn nicht nach seinem Bilde formen zu wollen. Sondern das zu bejahen, was ist.

Die dumme Frage am Anfang einer Liebe heißt: »Mal sehen, ob ich ihn ummodeln kann, so wie ich ihn haben möchte.«

Die kluge Frage lautet: »Mal sehen, ob ich ihn ertragen kann, so wie er ist.«

Wie Sie zärtlicher und intensiver Liebe machen können, lesen Sie im nächsten Kapitel.

Liebesgeschichte 4:

Ich habe einen Gebrauchten
von Beate Kanisch

Was definiere ich als Glück? Ich bin glücklich, dass mein Mann und ich uns gefunden haben. Wir haben etwas länger gebraucht. Nachdem wir uns in meiner Kindheit kennengelernt und wieder aus den Augen verloren haben, waren wir 31 und 36 Jahre alt, als wir uns das zweite Mal in unserem Leben getroffen haben.

Wir waren beide nicht mehr ganz neu. Er hatte eine Ehe hinter sich und ich das, was man eine eheähnliche Gemeinschaft nennt. Und hier liegt die Chance des »Gebrauchten«. Ich und er wissen sehr wohl, was wir nicht wollen, denn *das* hatten wir ja gerade! Ich bin sehr froh, dass mein Mann ein »Gebrauchter« ist und nicht mehr so naiv ist und denkt, in einer Ehe ist alles Friede, Freude, Eierkuchen.

Ein Krach überrascht ihn nicht mehr und wirft ihn nicht gleich aus der Bahn. Das Lehrgeld hat er schon gezahlt und mir kommt es zugute. Allen Frauen mit einem Mann aus zweiter Hand meinen herzlichen Glückwunsch! Die Vorarbeit hat schon jemand geleistet. Das sollte Sie mit der ersten Frau versöhnlich stimmen – auch wenn Sie von Ihrem Mann nur Schlechtes über sie hören. Er weiß dafür inzwischen: Eine Beziehung ist die schwerste, aber auch die schönste Arbeit! Auf ein Neues!

6 Ich darf Liebe machen

Über Sex gibt es so viele Meinungen wie Moden – er muss heiß und schmutzig sein oder sanft und zärtlich; tantrisch gelassen oder orgiastisch aufwühlend; in der Missionarsstellung oder von hinten; mehrmals hintereinander oder zweimal im Monat; allein oder zu zweit oder im Rudel … Egal wie Ihre Vorstellung von gutem Sex aussieht, ob Sie es Liebe machen, ficken, vögeln, kopulieren, »es« machen, nageln, bumsen, miteinander schlafen, beiwohnen, pimpern, Geschlechtsverkehrhaben oder »äh, du weißt schon« nennen. Es gibt eine einzige Vorgabe, was richtiger Sex ist: Ihr Wunsch und Ihre Zufriedenheit.

> Der Trick der Schöpfung ist satanisch witzig,
> Das Weib bleibt vorher kühl, der Mann ist hitzig.
> Sie glüht nachher, und er sieht auf die Uhr.
> So stirbt Betrug nicht aus und nicht Natur.
> FRANZ WERFEL

Mal ganz unter uns, an dieser Stelle wäre es fast zum »Kapitulus interruptus« gekommen, zum unterbrochenen Schreibakt. Ich merke, wie schwer es mir fällt, allein solche

Wörter hinzuschreiben. Im Grunde meines Herzens bin ich total prüde. Nicht prüde, was meine Lust angeht. Aber superprüde, wenn es um die Zurschaustellung geht. Es ist ein Unterschied, ob man sich wilde Worte ins Ohr flüstert oder in ein Buch schreibt. Aber ich habe mich entschieden, dieses Kapitel der Liebe nicht auszulassen. Drücken Sie mir die Daumen, dass ich's hinkriege. Wobei es mir nicht darauf ankommt, Ihnen klasse Sex-Tipps zu geben, sondern Anregungen, wie Sie Ihrer Liebeslust Raum geben.

Lena, 44, und Volker, 43, haben alles durchprobiert: den Balanceakt auf dem Badewannenrand, »Hilfe, ich rutsche ab«; den Quicky im Stehen unter der laufenden Dusche mit Erstickungsanfällen; verschiedene Kamasutrastellungen auf dem Berberteppich mit Muskelkrampf und den lästigen Flecken hinterher; und natürlich die Küchentischvariante, wenn die Kinder bei der Oma waren, »Autsch, schieb mal den Toaster weg«. Sie fanden es schon aufregend, na ja, eher interessant. Und sie haben für sich festgestellt, dass sie es immer noch am schönsten im Bett finden – warm, weich, gemütlich.

Wenn die beiden in Zeitschriften Berichte über gängige Sexpraktiken lesen oder Filme im Fernsehen darüber sehen, kommen sie sich sehr oft spießig vor. Aber sie wollen es nicht im Park treiben und nicht in der Bahnhofstoilette; sie wollen es nicht mit acht anderen in einem Whirlpool machen und auch nicht in einer Peepshowkabine. Sie glauben, dass das alles toll sein kann, und gönnen es jedem anderen. Sie haben ihre Wahl getroffen: einfach nur zu Hause im weichen Bett. Wie langweilig, könnte man sagen, wie verklemmt. In Zeiten von Rammel-Pornos und praktizierter Gossensprache kann man auch sagen: wie mutig. Übrigens: Lena und Volker haben wunderbaren erfüllenden Sex, für sie ist er wild und unersättlich.

Liebemachen ist das intimste, was zwischen zwei Menschen geschieht, deshalb braucht es zum Glücklichsein drei Übereinkünfte zwischen den beiden:

1. So mag ich es.
2. Wie magst du es?
3. Wie machen wir es?

Vergessen Sie alles, was über Sexhäufigkeit geschrieben wird, über den richtigen Sex und über Sex-Rekorde. Erstens: Nirgendwo wird so viel gelogen wie in solchen Umfragen. Zweitens: Nirgendwo sprießt die Fantasie von Journalisten so wie bei diesem Thema. Und drittens ist kein anderer Bereich in der Partnerschaft so von den Vorlieben der Beteiligten abhängig wie die Lust.

Sexualität ist Millionen Jahre alt und diente anfangs ausschließlich der Fortpflanzung, sagen die Anthropologen (woher wissen sie das eigentlich?). Lange hat die Menschheit sich offensichtlich nicht allzu viele Gedanken darüber gemacht. Seit einigen tausend Jahren zeugen Dokumente der Menschheit von der Kunstfertigkeit beim Sex, nachzulesen u. a. im indischen Kamasutra oder im Hohen Lied Salomons im Alten Testament.

Heutzutage sehen Kinder in einem Musik-Videoclip mehr Sexszenen als ihre Vorfahren in ihrem ganzen Leben. Oder jedenfalls das, was gemeinhin als Sex gilt. In Bestsellern beschreiben junge Frauen, wie sie sich an Dreck, Volllaufenlassen und widerlichen Männern aufgeilen. Ich hoffe für sie, dass sie das glücklich macht. Ich mag diese Enthüllungen nicht. Aber ich frage mich ehrlicherweise auch, was für arme Mädchen-Seelen hinter diesen »Bekenntnissen der Emanzipation« stecken, welche Verletzungen, welche Überforderungen, welcher Trotz.

Der beschriebene und gezeigte Sex, auch in Kino- und Fernsehfilmen, hat mit erfüllter Sexualität so viel zu tun wie Kochsendungen mit Genuss oder Sattwerden. Genauso wenig wie es ein Rezept für das »Perfekte Dinner« gibt, gibt es das Rezept für den perfekten Sex. Was durchaus ernst zu nehmen ist, ist das, was Sexualforscher oder Therapeuten darüber herausgefunden haben, wie die Sexualität bei Männern und Frauen (meistens) funktioniert. Und da hat sich in den letzten 80 Jahren offensichtlich nicht viel geändert.

Schon im Jahr 1929 schrieb der Wiener Psychiater und Sexualforscher Wilhelm Reich[12] in einem Aufklärungsbüchlein für Jugendliche über Sexualerregung und -befriedigung: »Die angebliche Kälte der Frau ist in einer sehr großen Zahl von Fällen keine echte, das heißt sie würde bald der normalen Erregbarkeit weichen, wenn die Männer und die Frauen besser über das Geschlechtsleben und die ›Liebestechnik‹ orientiert wären. So kommen sehr viele Frauen, die an sich gesund sind, nur deshalb nicht zur Befriedigung, weil die Männer ungeschickt sind oder selbst an einer Störung leiden. Wenn ein Mann nach einigen Sekunden oder nach einer halben Minute zum Samenerguss kommt, so kann die Frau zu keiner Befriedigung kommen. Das Streicheln der Brüste, Schenkel, Arme, des Rückens usw. ist unerlässlich, um die nötige Erregung herbeizuführen. Das Fingerspiel an den weiblichen Geschlechtsorganen gehört zum befriedigenden Akt dazu.«

1929 geschrieben und offensichtlich immer noch nicht überall bekannt? In den Sechziger-, Siebzigerjahren als neueste Erkenntnis wiederholt und als sexuelle Revolution gefeiert, und heute sagen immer noch zwei Drittel aller Frauen in Deutschland, dass sie beim Geschlechtsverkehr selten einen Orgasmus bekommen. Oder nie! (Von den über 55-jährigen Frauen ist übrigens etwa die Hälfte zufrieden mit ihren Orgasmen, bei Männern sind es 80 Prozent, nach einer Umfrage eines Kondomherstellers aus dem Jahr 2007.) Reden wir vielleicht zu viel darüber und machen es zu wenig? Starren wir zu sehr auf sextolle Vorbilder und reden zu wenig miteinander? Überschätzen wir die Möglichkeiten und setzen uns selbst unter Druck? Führen wir Buch über die Häufigkeit unserer Orgasmen und ziehen ernüchtert Bilanz? Sechs, setzen?

Beim Liebesspiel ist es wie beim Autofahren.
Die Frauen mögen die Umleitung,
die Männer die Abkürzung.

JEANNE MOREAU

Die meisten Darstellungen in Büchern oder Filmen verwechseln übrigens Sexualität mit dem vollzogenen Ge-
schlechtsakt. Aber Sex ist viel, viel mehr: Wie viel Lust
steckt darin, wenn du mit deinem Geliebten in der Stra-
ßenbahn stehst, und er drückt sich von hinten zärtlich an
dich! Wie viel Lust in einem einzigen Kuss! Wie viel Lust
in einem Telefongespräch! Wie viel Lust in dem Blick, den
er dir von fern auf einer Party zuwirft, und in dem du lesen
kannst: »Wenn wir nach Hause kommen, werfe ich dich
aufs Sofa und werde es dir besorgen, wie es dir noch keiner besorgt hat.«

In vielen Filmen (nicht nur in Pornos) wird in Sexszenen gerammelt, als gäbe es kein Morgen mehr, das Bett
schlägt gegen die Wand, sein Penis gegen ihren Mut-
termund, und die Frau verdreht verzückt die Augen und
stöhnt: »Ja, mach's mir«! Ja, geil, ey! Bekannt ist, dass das
Wissen über Sexualität, egal ob bei Jung oder Alt, wesent-
lich von den medialen Vorbildern geprägt wird. Und das
ist ziemlich fatal. Denn was da als »wild und unersättlich«
verkauft wird, ist höchstens Wald-und-Wiesen-Bumsen.
Und nach ein paar Minuten liegen sie erschöpft, aber angeblich befriedigt nebeneinander und rauchen eine. Über

die »Wie-sehe-ich-dabei-aus«-Falle hat Wiebke Wiedeck die umwerfende Liebesgeschichte Nr. 5 geschrieben, die Sie auf S. 135 finden.

> **Es lässt sich gar nicht abschätzen, wie viele Frauen zur Befriedigung nur deshalb nicht gelangen, weil der Mann nicht lange genug aushalten kann.**
> WILHELM REICH, PSYCHIATER UND SEXUALFORSCHER, 1929

Karin, 54, und Rudolf, 59, sind seit 35 Jahren verheiratet, ihre drei Kinder sind erwachsen. Und sie genießen den Sex »wie noch nie zuvor in unserem Leben«, wie beide sagen. Karin: »Ich habe mit 19 geheiratet, damals wusste ich fast nichts über Sex. Ich fand es ganz schön, aber mehr auch nicht. Dann kamen bald die Kinder, und wir hatten furchtbar wenig Zeit füreinander. Und dann wurde es nach und nach immer besser. Ich wurde mutiger und habe Rudolf gesagt, was mir fehlt und was ich mir wünsche. Und er war bereit zu experimentieren. Wir haben heute eine ganze Palette von schönen Sex-Varianten, und es kommt auf die Stimmung an, was wir machen.« Sie wird ein bisschen rot, und er wird ein bisschen rot, und sie plinkern sich an wie ein verliebtes Teenager-Pärchen.

> **Die Liebe besteht zu drei Vierteln aus Neugier.**
> GIACOMO CASANOVA

Es ist übrigens ein weit verbreitetes Vorurteil, dass durch die Geburt von Kindern der Sex automatisch schlechter wird. Untersuchungen haben gezeigt, dass Stress dem Sex schadet. Ob der durch die Geburt eines Kindes entsteht oder durch das Karrierestreben zweier ehrgeiziger Mittdreißiger, ist egal. (In den USA gibt es neben der Abkürzung DINK, »Double income, no kids«, die Abkürzung DINS, »Double income, no sex« = Doppeltes Einkommen, kein Sex.)

Andrea und Daniel, 28 und 29 Jahre alt, beide als Junior-Berater in zwei verschiedenen Unternehmensberatungen tätig, haben sich vor drei Jahren noch als Studenten kennengelernt. Am Anfang kamen sie aus dem Bett gar nicht mehr raus. Nach ihrem Examen zogen sie zusammen. Und jetzt ist Flaute in ihrem Liebesleben. »War's das schon?«, fragt sich vor allem Andrea. Wie sieht ihr Alltag aus? Beide arbeiten häufig bei Kunden vor Ort. Das heißt: Montagfrüh in verschiedene Richtungen losfahren, donnerstagabends spät nach Hause kommen, Freitag im Büro Berichte schreiben, an Konferenzen und Weiterbildungen teilnehmen, selten vor zehn Uhr abends zu Hause. Samstag und Sonntag Zeit für sich. Sonntagabend Tasche packen.

Und dann? Andrea: »Daniel sitzt am Computer, ich komme von hinten an ihn ran, lege meine Arme um ihn, schnurre, Dani, ich habe solche Sehnsucht nach dir. Und er sagt, später, Süße. Später, Süße. So ist das in letzter Zeit immer. Scheiß-Süße. Ich habe bald keine Lust mehr. Ich gebe auf. Ich schmeiße hin. So stelle ich mir doch mein Leben nicht vor.«

UNTER DER LINDE

Unter der Linde,
auf der Heide,
da unser beider Lager war,
da könnt ihr schön
gebrochen finden
die Blumen und das Gras.
Vor dem Wald in einem Tal –
tandaradei –
sang schön die Nachtigall.

Ich kam gegangen
zu der Aue:
da war mein Liebster schon gekommen.
Da ward ich empfangen –
Gnädige Jungfrau! –,
daß ich für immer glücklich bin.
Ob er mich küßte? Wohl tausendmal:
tandaradei –
seht, wie rot ist mir der Mund!

Da hat er gemacht
so prächtig

ein Bett von Blumen.
Da lacht noch mancher
herzlich,
kommt er jenen Pfad daher.
An den Rosen mag er wohl –
tandaradei –
merken, wo das Haupt mir lag.
Daß er bei mir lag –
wüßte es jemand
(das verhüte Gott!), so schäm' ich mich.
Wie er mit mir war,
niemals, niemand
erfahre das als er und ich
und ein kleines Vögelchen,
tandaradei –
das kann wohl verschwiegen sein.

WALTHER VON DER VOGELWEIDE

Gleiches Problem, andere Familie: Torsten und Diane, beide ebenfalls Ende 20. Sie haben einen achtmonatigen Sohn. Diane ist im Elternurlaub. Torsten kommt nach Hause, freut sich auf seine kleine Familie, hat Lust auf seine Frau. Nach dem Abendessen räumen sie die Küche auf. Er nimmt Diane in den Arm, legt seine Hand auf ihren Po, versucht sie zu küssen. »Nicht jetzt, Schatz«, sagt Diane, »ich bin müde«. Enttäuscht setzt er sich vor den Fernseher. Torsten: »Früher hatten wir so viel Spaß zusammen, im Bett ging die Post ab. Jetzt werde ich nur noch abgewiesen. Diane spielt nur noch Mutter. Als Mann bin ich abgemeldet. Ach, ich habe gar keine Lust mehr, nach Hause zu kommen.«

Stress ist der Lustkiller Nummer eins. Er ist nicht der Liebeskiller (das dauert länger). Die Zusammenhänge von Stress und Sex werden immer wieder untersucht. Im Jahr 2007 brachte eine große Studie der Uni Göttingen[13] die Erkenntnis: Wer zu wenig Sex hat, arbeitet mehr. Dadurch hat er wieder mehr Stress und weniger Sex. Ein Teufelskreis. Stress raubt die Zeit für die wichtigen Vorspiele des Sex.

Der größte Irrtum ist zu glauben, das Vorspiel begänne beim Streicheln und Erregen. Ganz anders: Das Vorspiel ist der zärtliche Abschied am Morgen, der kleine Anruf zwischendurch, das Heimkommen und Erzählen, das Nachfragen, die Blume, unterwegs gepflückt, das liebevolle Essen, der Begrüßungskuss, der Arm auf seinem/ihrem, das Helfen beim Wäschezusammenlegen, das Zuhören bei Sorgen. Das alles ist das Vorspiel für wunderbaren, erfüllenden Sex.

Und Stress raubt genau diese Zeit. Morgens ist es hektisch, der Tag fordert uns ganz, die Kinder rauben uns den letzten Nerv, abends ist noch so viel Organisatorisches zu besprechen. Warst du bei der Reinigung – nein, morgen – aber ich habe dich doch gebeten – weißt du, was heute in der Firma los war – aber du hast es doch versprochen …

Und dann – zack, liebhaben, Knöpfe drücken, Liebe machen. Das funktioniert nur begrenzt.

Lieben ist anerkennen, was ist!

Es ist, was es ist, sagt die Liebe. Und wenn wir uns von diesen Zeiträubern, die uns umzingeln, nicht die Liebe und den Liebsten rauben lassen wollen, dann brauchen wir Achtsamkeit, Aufmerksamkeit, Verständnis und Mut. Achtsamkeit, dass wir nichts kaputt reden: »Ach, dem Nachbarn zu helfen, ist dir wieder wichtiger als bei mir zu sein.« Aufmerksamkeit, damit wir nichts verpassen: »Erzähl doch mal, was war heute bei euch los?« Verständnis: »Komm her, ich nehme dich in den Arm, ruh dich aus.« Mut: »Ich möchte so gern mal wieder in dir versinken.« Aber eins nach dem anderen. Lieben ist anerkennen, was ist. Stress ist der Teufel, der sich in ganz vielen Partnerschaften versteckt. Was passiert, wenn sich jemand neu verliebt? Er nimmt sich Zeit für die neue Liebe, und deshalb ist alles ganz anders … Bis der Alltag wieder einzieht.

Manchmal sehnen sich Frauen nach Dramen und finden das Alltägliche langweilig. Manchmal verzweifeln Männer daran. Manchmal nutzen Frauen den Sex für Belohnung und für Strafe und verunsichern ihre Partner in ihrer Männlichkeit. Manchmal missversteht ein Mann jede Zärtlichkeit als Aufforderung zum Vollzug. Manchmal sind Männer Idioten und merken nicht, was sie anrichten.

Manchmal könnte man den anderen zum Mond schießen, weil er gar nichts kapiert. Manchmal traut man sich nicht zu sagen, wie man es gerne hätte oder wie nicht. Manchmal ist Liebe so schwer, so ätzend, so elendig schwierig. Und die Lust könnte einem vergehen. Ja, so ist Liebe.

Und manchmal wird aus schlechtem Sex besserer Sex. Aus mittelgutem Sex wundervoller Sex. Aus gutem Sex der Wahnsinn. Vor allem, wenn Frauen sagen, was sie mögen, was sie sich wünschen. Männer sind eigenartig. Sie wünschen sich eine Frau, halb Stripperin, halb Krankenschwester. Sie haben von den Kumpels gehört, man muss es einer Frau besorgen, ganz schnell, am besten vielen Frauen, man muss beweisen, was für ein Hengst man ist. Dazu kommt: Die meisten Männer sind nicht zur Zärtlichkeit erzogen. Die Mutter hat es dem Sohn nicht beigebracht, eine Frau zu verwöhnen, wie denn auch? Der Vater schon gar nicht, woher denn auch? Woher soll ein Mann wissen, dass höchste Lust entstehen kann, wenn er mit einem Finger ganz sanft über ihren Oberschenkel streicht? Dass sie fast kommt, wenn er ihr kleine, trockene Küsse in den Nacken haucht? Nur dadurch, dass seine Geliebte es ihm sagt! Geben Sie ihm die Chance. Und sich.

Sex ist der Ausdruck der Verständigung zwischen zwei Seelen – jedenfalls in der Liebe. Nicht zu verwechseln mit ekstatischem Spannungsabbau in einer Affäre, in einer Liebschaft, in einem One-Night-Stand. Solche Erfahrungen können einen Menschen umhauen. Er erlebt eine

Intensität, die er schon lange vermisst hatte. Er sieht den Himmel offen. Für eine Nacht, für einige Monate. Aber: Was ist mit Freundschaft, Geborgenheit, Liebe? Bereit, alles aufs Spiel zu setzen? Es ist seine Entscheidung.

Wenn eine Frau sich für einen Mann entscheidet, entscheidet sie sich gleichzeitig gegen drei Milliarden anderer. Was für eine heroische Tat. Man könnte auch sagen: Was für eine Verschwendung. Muss ja nicht sein. Jede Frau ist frei zu sagen: »Nee, ich lege mich nicht fest. Liebe kann doch keine Sünde sein. Ich will mitnehmen, was ich kriegen kann. Will ausprobieren, was mir gefällt. Ich will Erfahrungen sammeln und mich nicht einsperren lassen. Wer weiß, ob ich Frauen oder Männer lieber mag?« Ja, diese Freiheit haben wir. Und meine Erfahrung ist, dass es gut sein kann auszuprobieren, wie wir glücklich werden können.

Und es kann hilfreich sein festzustellen: Mit diesem Mann werde ich niemals an den Himmel anstoßen! Es ist okay, so wie es ist, aber es ist mir zu wenig. Ich sehne mich nach etwas Anderem, Größerem, Liebevollerem, Umwerfenderem. Und dann ist es nur konsequent zu gehen.

Wir leben in einer Zeit, in der Frauen die freie Wahl haben, selbst wenn sie Kinder haben. Wir entscheiden, wen wir lieben, mit wem wir Liebe machen und wem wir uns vollends anvertrauen wollen. Und es ist eine ganz persönliche Entscheidung, sich zu einem Mann zu bekennen: »Ja, er ist es, ich hebe zwar nicht jedes Mal ab, wenn wir miteinander schlafen. Manchmal hat er mehr vom Sex, manch-

mal ich. Manchmal genieße ich es, wenn er in mich ein-
dringt und einen Orgasmus hat, dass auch mir der Atem
stockt. Manchmal will ich, dass er mich, und nur mich,
befriedigt. Und ich darf faul genießen und Egomane sein.
Manchmal haben wir Kuschelsex und manchmal nicht
mal den. Aber ich freue mich jeden Abend, wenn wir unter die gemeinsame Decke kriechen. In seinem Arm zu
liegen, ist auch Sex. Seinen Kopf an meinem zu spüren,
wenn ich nachts aufwache, ist auch Sex. Meine Hand auf
seinen schlafenden Schwanz zu legen, ist auch Sex. Sex
heißt, angerührt werden von ihm. Sex heißt, dass Grenzen verschwinden und ich nicht mehr weiß, wo ich anfange und er endet. Solche Momente will ich genießen.«

Liebe und Lust sind nicht berechenbar und nicht gerecht.
Mal bekommt der eine mehr, mal der andere. Im gemeinsamen Orgasmus zu zerfließen ist ein schönes Bild, aber so
unheimlich selten! Es kann den ganzen schönen Sex ver-
sauen, wenn Paare dies als Ideal anstreben. Sex ist keine
Inszenierung, sondern ein Stegreif-Stück mit vielen Vari-
ationsmöglichkeiten. Es ist Slapstick und Improvisation,
Generalprobe und Sensation. Und manchmal viel unspek-
takulärer, als Sie es erwarten würden.

Wenn es ein Geheimrezept für guten Sex gibt, dann
heißt es: Spielt nicht auf Ergebnis! Verwöhnt euch, genießt, was ist, aber ohne das Schielen auf den großen O, auf
die Vollendung im Doppel-O. Spielen heißt ausprobieren,

was gerade geht. Kleine Schritte machen, Pausen. Spielen heißt necken und liebkosen. Es heißt albern sein und lachen. Es heißt, verrücktes Zeug flüstern, Füße massieren

Die Geschichte des »Ohhh« – oder: Warum Frauen keinen Orgasmus »faken« sollten

Nützt es oder schadet es Frauen, wenn sie Orgasmen vorspielen? Frauenzeitschriften geben manchmal den Rat, das »Große Ohhh« zu stöhnen, auch wenn Frauen keinen »O« gehabt haben. Sie geben ihrem Partner damit das Gefühl, ein besonders guter Liebhaber zu sein – und das kann Nutzen bringen.

Sehr deutlich warnt die australische Sozialforscherin Celia Roberts[14] vom Zentrum für Frauenstudien der University of Sidney vor dem »Fake« eines Orgasmus'. Einen Orgasmus vorzuspielen sei der deutliche Beweis der Ungleichheit zwischen Frauen und Männern. Frauen unterwerfen sich hier »vom Kopf« her dem Diktat des Mannes oder erfüllen in vorauseilendem Gehorsam, was sie für den Wunsch des Mannes halten. Das sexuelle Stöhnen zu verweigern, wenn es keinen sexuellen Grund dafür gibt, sei ein wichtiger Schritt auf dem Weg, eine Beziehung zwischen Mann und Frau auf eine realistische Basis zu stellen – auch und gerade, wenn es sich um die Phase des Kennenlernens handelt.

und Nacken kraulen. Und dies, ohne sich gleich an die Wäsche zu gehen. Spaß macht der Weg zum Ziel. Wenn das erreicht ist, ist der Spaß schon vorbei. Das andere ist Arbeit: Ziel, Strategie, Maßnahmen, Zeitschiene. Das sollte man sich für die Karriere aufheben.

Wenn eine Frau arrangiert, dass alles stimmt: duschen, Haare waschen, einparfümieren, neue Dessous, das Bett frisch bezogen, Kinder bei Freunden, kommt manchmal ein bemühter Wir-haben-es-immerhin-versucht-Sex heraus. Und dann gibt es Tage, ungewaschen, ungekämmt, verschwitzt und müde, in alten Baumwollunterhosen und dem verblichenen BH, den sie nur noch zur Gartenarbeit trägt, zwischen Hausaufgaben anschauen und Kartoffelschälen, da haut's die Sicherungen raus. Und die Glocken läuten. Ja, das ist Liebe – wild und unersättlich.

Jede Frau, die schon mehr als 24 Monate mit demselben Mann zusammen ist, weiß, dass Quantität sinken und Qualität steigen kann. Und dass es etwas mehr als ein halbes Dutzend verschiedene Herangehensweisen an die schönste Sache der Welt gibt (nein, es ist nicht Fußball!):

1. Die »Sex-in-the-City-Nummer«

Als ich Ende 20 war, gab es einen Abend in der Woche, an dem ich mich niemals stören ließ: Dienstagabend kam Dallas. Sie erinnern sich noch? »Pamela – Bobby – Sue Ellen – Miss Ellie«. Dieser Abend war für alle anderen Verabredungen tabu. Bei jüngeren Frauen ist das heute so, wenn »Sex-in-the-City« läuft. In manchen Partnerschaften wird Sex nach diesem Prinzip praktiziert. Es ist eine gute Gewohnheit geworden, einmal in der Woche oder im Monat, jeden dritten Tag, immer samstags nach dem Spätfilm. Wenn er ohne Schlafanzug ins Bett kommt, weiß sie: Richtig, heute ist Dienstag …

2. Die »Al-Bundy-Nummer«

Die verschärfte Variante ist wie vom Anwalt aufgesetzt: der gemeinsame Vertrag, ausgesprochen oder unausgesprochen. An Geburtstagen muss …, im Urlaub muss …, wenn er einen Abend freihaben will, muss …, wenn sie das Gemüsebeet umgegraben haben möchte, muss … Wenn nicht, gibt es Vertragsstrafen. Bestes Fernsehbeispiel: Al Bundy. Er muss ran, wenn er mit seinen Jungs mal ausgehen will. Wenn seine verrückte Frau Peggy ihn ins Bett ruft, schaut er wie ein Todeskandidat. Love and Marriage … oder wie Peg sagt: »Viele Menschen müssen mit ihrer Enttäuschung leben, aber ich muss mit ihr schlafen.«

3. Die »Boxen-im-Zweiten-Nummer«

Man denkt an nichts Böses, tänzelt so herum, und dann kommt der Überraschungsangriff, entweder aus der Frauen- oder aus der Männer-Ringecke. Und schon liegt man flach auf der Matte. Der Überraschungsangriff ist eine Variante, die Extraportion zu bekommen. Wobei der Spaß manchmal nur anhält, bis der Ringrichter bis neun gezählt hat. Kann aber auch der (r)echte Hammer werden. Bis zum doppelten K.o.

4. Die »Inga-Lindström-Nummer«

Das ist Romantik und Verführung pur: »Liebling, die Kinder übernachten heute bei ihren Freunden. Wir haben sturmfreie Bude. Soll ich dir einen Drink mixen, magst du die Schuhe ausziehen, ich habe schon mal den Kamin angemacht. Ach, ist es heiß hier drinnen, findest du nicht? Ah, ich muss mal meine Bluse ausziehen. Zieh doch auch deinen Pullover aus. Komm, ich helfe dir. Ach, was haben wir hier für starke Arme. Ja, was machen denn die starken Arme … Nein, so kriegst du den Reißverschluss nicht auf, nein, Finger weg, lass mich mal selbst …«

5. Die »Tagesschau-Nummer«

Manchmal entsteht Sex aus ständiger Verfügbarkeit. Schaltet man um acht den Fernseher an, kommt die Tagesschau, jeden Abend. So ähnlich ist es in manchen Partnerschaften. Man muss nur den Arm ausstrecken: »Berlin, Bundeskanzlerin Angela Merkel hat entschieden, …« Bingo. Oder, wie es einmal in der Werbung für ein Parkhaus hieß: »Liegt so günstig, ist so praktisch«. Wenn einer von beiden Lust hat, ist praktischerweise ein williger Oppositionsführer zur Hand. Klappt, wenn beide ihren Spaß dabei haben. »Und nun zum Wetter.«

6. Die »Werden-Sie-Millionär-Nummer«

In manchen Partnerschaften wird, vor allem von Frauen, Sex als Belohnung eingesetzt. Wie bei »Werden Sie Millionär« kommt es auf die richtige Beantwortung bestimmter Fragen an. Ist die Antwort richtig, heißt es: Super, Sie haben gewonnen. Holen Sie sich Ihre Belohnung gleich ab. Mit Fanfarenklängen steigt eine tolle Nummer. Bei falscher Antwort: Pech gehabt, den Platz räumen, das Sofa wartet. Oft wissen die männlichen Kandidaten allerdings weder, wie die Frage hieß, noch warum ihre Antwort falsch war (Man sagt eben nicht ungestraft auf die Frage »Fällt dir an mir etwas auf?« »Du hast zugenommen!«). Da hilft auch kein Telefonjoker.

7. Die »King-of-Queens-Nummer«

Eine ehrgeizige berufstätige Frau, ein eher lethargischer Mann, und dazu noch der Schwiegervater im Keller. Das muss Trouble geben. In vielen Partnerschaften geht es so hoch her wie bei Doug und Carrie. Das Schönste am Streit ist auch bei ihnen die Versöhnung. Da geht einem das Herz auf (und leider meistens auch die Tür, weil Arthur wissen will, wann es Essen gibt). Sex zur Versöhnung ist oft besonders leidenschaftlich. Blöd ist nur, dass man vorher immer streiten muss.

Warum es fatal ist, ständig seinen Partner verändern zu wollen, erfahren Sie im nächsten Kapitel.

Liebesgeschichte 5:

Entscheidungen

von Wiebke Wiedeck (www.wiebkewiedeck.de)

Stellen Sie sich bitte folgende Situation vor: Sie liegen unmöglich verschlungen mit einem wohlduftenden, vor Mannes-
kraft strotzenden, dunkelgelockten, heftig atmenden Jüng-
ling-Mann zusammen.

Sie sind in Ihrer Bekanntschaft immerhin schon so weit fortgeschritten, dass Sie verschiedene Stellungswechsel ausprobieren und sich dabei intensiv bemühen, in anstrengender und
schwieriger, aber wirkungsvoller Art und Weise nicht nur von
oben und unten, sondern auch von hinten und vorn ein bisschen glatter auszusehen, kurz, sich zu straffen, so gut es geht.

Und es geht.

Besonders in jenem Moment, da Sie Ihr Bein sehr lasziv
und emotional um seinen übrigens straffen, makellosen Hintern schlingen wollen. Wohlig stöhnend, strecken Sie Ihren
Fuß langsam und bedeutungsvoll. Sie holen dabei weit aus,
beschreiben einen fehlerlosen Halbkreis mit Ihrem Elfenbein,
bis zur Spitze gespannt, bestaunen Ihre Wadenmuskeln, die
doch wirklich noch aussehen, als wären sie gut in Form. Am
äußersten Punkt knicken Sie das Bein ab und wollen es ma-
lerisch um den sich gerade anspannenden wunderbaren Hintern wickeln – mit dem Ziel, danach in wirkungsvoller Weise
die neu eingeübten Bewegungen Ihres Beckenbodenkurses
einzusetzen. Da passiert es.

Er meldet sich nicht an, er warnt nicht, er schickt Ihnen nicht einmal ein flaues Gefühl in den Magen, bevor er auftaucht, er ist einfach da, schnell und äußerst stark. Er begrüßt Sie mit einem bekannten Signal aus der Fußgegend und liegt relativ schnell mit Ihnen im Bett – Ihr alter Freund, der Wadenkrampf.

Panik steigt in Ihnen auf, zusammen mit der Frage, wann Sie das letzte Mal Ihre Magnesiumtabletten genommen haben. Ihnen bleibt nichts weiter übrig, als innezuhalten. Ziemlich plötzlich und sehr unvorhergesehen.

Tja. Und nun, nun müssen Sie sich innerhalb von Sekunden entscheiden:

Entweder, Sie führen Ihre kunstvolle Bewegung irgendwie zu einem sicher schmerzhaften und bitteren Ende, der Krampf wird sich Ihrer bemächtigen und Ihren Fuß unschön um sich drehen. Dabei riskieren sie ein plötzliches und schmerzdurchzucktes Erstarren, ein völlig unerotisches Aufspringen, Ausschütteln, »... warte mal, kannst du mal kurz runtergehen ...«, verständnisloser Blick von der anderen Seite, beschämtes Schütteln der alten Knochen.

Oder: Sie lassen Ihren Huf ganz, ganz schnell, und zwar sofort und gleich, auf den sich hebenden und senkenden, übrigens völlig unverkrampften, wunderbaren männlichen Hintern klatschen ...

Tja, solch eine Entscheidung muss einem erst mal jemand abnehmen!

7 Ich darf Liebe achten

Willkommen im Theater der Liebe. Wir spielen heute unser Erfolgsstück, es steht seit Menschengedenken auf dem Spielplan und ist schon millionenfach aufgeführt worden: »Des Widerspenstigen Zähmung« oder »Hoffnungs Erzählungen«.

In Kurzfassung der Inhalt.

Erster Akt: Eine Frau verliebt sich in einen Mann, wild und unersättlich. Sie ist voller Erwartungen, möchte eins sein mit ihm, sich hingeben. Sie bringt alles ein, was sie hat und ist: ihre Liebe, ihr Begehren, ihre Erwartungen, ihre Verletzbarkeit, ihre Existenz, sich selbst. Nach einer gewissen Zeit der Verliebtheit und großer Ekstase machen sich erste Zeichen der Enttäuschung bemerkbar.

Sie bekommt nicht das, was sie sich wünscht. Ihr Papagähno erkaltet in seinem Werben schneller als erwartet. Richtet sich gemütlich ein. Verstummt. Sie singt die berühmte Arie: »Warum kann ein Mann nicht sein wie eine Frau?« Ihre beste Freundin spürt doch auch, wie es ihr geht. Warum er nicht?

Zweiter Akt: »Die Männer-Metamorphose« oder »Mach mehr aus deinem Typ«. Sie versucht, den Mann zu verändern. Und erlebt zwei dramatische Varianten. Die erste: Sie ist erfolgreich mit ihren Erziehungsversuchen. Sie bringt ihn dazu, ihr Feuer für die Zigarette zu geben, ihr in den Mantel zu helfen, ihr vor anderen nicht zu widersprechen. Und übernimmt ganz selbstverständlich für ihn die Rolle der Pressesprecherin: »Nein, mein Mann dankt.« Sie schafft es, ihn zu dressieren, er reagiert auf jede kleine Geste, jede schmallippige Bemerkung von ihr. »Wir müssen gehen, Uschi möchte nach Hause.«

Die zweite Variante: Alle Erziehungsversuche schlagen fehl. Er kapiert nicht, was sie möchte, er kriegt nicht mit, wann sie unglücklich ist, schenkt die falschen Blumen, wirft sich abends vor den Fernseher, statt ihr die Füße zu massieren. Sie resigniert. Und entzieht sich ihm. Er ist es nicht wert. Sie antwortet beleidigt »nichts«, wenn er fragt, was los ist. Sie dreht sich im Bett weg, wenn sein Knie an ihre Schenkel rutscht. Sie holt den alten bequemen Jogginganzug vom Speicher. Und nimmt übel.

Im **dritten Akt** des Theaterstücks tritt die »Königin der Verachtung« auf, verletzt bis ins Herz. Egal, ob sie ihren Partner als Schoßhund erzogen oder als Hofhund ausgesperrt hat – sie verliert den Respekt vor ihm. Der Schoßhund wird verachtet, weil er auf Knopfdruck Männchen macht. »Was für ein Schlappschwanz ist er geworden!« Der

Hofhund wird verachtet, weil er auf stur schaltet. »Er hat mich gar nicht verdient!«

Deutlich wird dieser verlorene Respekt voreinander in den beißenden Monologen dieses Akts. Die Frau: »Karl-Heinz kann immer noch nicht den Klodeckel zumachen.« Und »Willi ist zu blöd, um nach dem Weg zu fragen.« Papagähno schlägt zurück: »Wenn Anna-Maria kocht, essen die Kinder bei Freunden«, und: »Mit dieser Frau im Bett wirst du lieber schwul.«

Vierter Akt: Dramatische Trennung. Schmutzige Wäsche wird gewaschen und von beiden Seiten noch einmal tüchtig nachgetreten. Das Publikum gröhlt und schlägt sich auf die Schenkel – »Gut, dass es uns nicht so geht!«.

Dieses Theaterstück ist natürlich eine bitterböse Übertreibung, oder? Ich weiß nicht. Liebe Frauen, lasst uns einmal unersättlich ehrlich sein. Wir sind nicht die engelsgleichen perfekten Wesen, die wir gerne wären. Auch wir haben Fehler. Und da man nur bei sich selber anfangen kann, etwas zu verändern, lasst uns den Mut haben, genau hinzuschauen. Um zu lernen, was wir anders, besser machen können. Um nicht in die Fallen des Liebesalltags zu geraten.

Hören Sie sich doch auch mal um in Ihrer Familie, im Bekanntenkreis, auf Festen, in Restaurants, mit welcher Respektlosigkeit Partner miteinander und übereinander reden, wie sie sich anschnauzen, kleinmachen und vorführen. Ich mag das gar nicht mehr hören. Lange habe ich es nur bemerkt, wenn Männer hässlich über ihre Frauen gesprochen haben. Aber ehrlicherweise muss ich dazu sagen, Frauen sind kein Stück besser als Männer.

In unzähligen Witzen wird das Spannungsverhältnis zwischen Frauen und Männern karikiert, werden kleine Machtspielchen entlarvt. Folgender Witz kursiert zurzeit in Frauenrunden: Sitzt sich ein Ehepaar am Frühstückstisch gegenüber, beide lesen Zeitung. Plötzlich fällt dem Mann das Marmeladenbrötchen aufs Hemd. Er sagt: »Ich sehe aus wie ein Schwein.« Seine Frau guckt kurz hoch und sagt: »Stimmt. Und bekleckert hast du dich auch noch!« Das ist, ehrlich gesagt, derzeit mein Lieblingswitz. Ich könnte mich wegschmeißen.

Und der Lieblingswitz in Männerrunden (habe ich mir erzählen lassen): »Was haben Frauen und tropische Wirbelstürme gemeinsam? Wenn sie kommen, sind sie heiß und feucht, wenn sie gehen, nehmen sie Autos und Häuser mit.« Finde ich ebenfalls grandios (außer dass er sich gegen Frauen richtet, natürlich).

Was in Witzen den Reiz ausmacht, ist im richtigen Leben das Ende der Liebe: Ironie, Sarkasmus, Zynismus, Missachtung. Witze als Spannungsableitung haben ihren Sinn. Wenn sie Realität werden, gehen sie ans Eingemachte.

Genau deshalb lohnt es sich, noch einmal genau hinzuschauen, was man über das Gelingen von Ehen weiß. Seit mehr als 20 Jahren beschäftigt sich die Ehetherapeutin Judith S. Wallerstein mit dem Phänomen gelungener Beziehungen. Sie hat in ihrem Buch *Gute Ehen. Wie und warum die Liebe dauert* Aufgaben definiert, die in jeder Ehe gelöst werden müssen: ein Zusammengehörigkeitsgefühl aufbauen, das sich auf Vertrautheit und Unabhängigkeit gründet; Freiräume für die Bewältigung von Konflikten schaffen; eine interessante sexuelle Beziehung aufbauen und erhalten; den Humor behalten und gemeinsame Interessen pflegen; einander trösten, stützen und ermutigen.

Und was ist am allerwichtigsten dabei? Judith S. Wallerstein: »Gegenseitiger Respekt. Dass die Partner einander achten.« Nicht umsonst heißt die traditionelle Formel, wenn Eheleute sich das Ja-Wort geben: »Willst du ihn/sie lieben und ehren, bis dass der Tod euch scheidet?« Oder wie es die Sängerin Dolly Parton singt: »Stand by your Man!« Sie singt in dieser unnachahmlichen Schnulze: »Steh zu deinem Mann. Manchmal ist es schwer, eine Frau zu sein und deine ganze Liebe einem Mann zu geben. Du wirst mal schlechte Zeiten haben, er gute Zeiten. Er wird Dinge tun, die du nicht verstehst. Aber wenn du ihn liebst, wirst du ihm vergeben. Auch wenn es schwer ist, ihn zu verstehen. Und wenn du ihn liebst, sei stolz auf ihn, denn trotz alledem ist er nur ein Mann …«

STAND BY YOUR MAN

Sometimes it's hard to be a woman,
Giving all your love to just one man.
You'll have bad times, and he'll have good times,
Doing things that you don't understand.

But if you love him you'll forgive him,
Even though he's hard to understand.
And if you love him, oh be proud of him,
'Cause after all he's just a man.

Stand by your man,
Give him two arms to cling to,
And something warm to come to,
When nights are cold and lonely.

Stand by your man,
And show the world you love him.
Keep giving all the love you can.
Stand by your man.

Klingt ein bisschen nach Heimchen-am-Herd-Ideal. Ich
verstehe es so: Die Entscheidung für einen Menschen ist
die Entscheidung für eine Art zu leben. Und es ist meine
Entscheidung. Das dies sogar funktioniert, wenn man einen Mann durch einen Schicksalsschlag verloren und den

anderen durch eine Anzeige gefunden hat, beschreibt Peggi Müller in der Liebesgeschichte Nr. 6 am Ende dieses Kapitels.

Dagegen schwingt oft Verachtung in der Stimme mit, wenn Frauen herablassend über Schwächen ihrer Männer reden. Auch wenn der andere zu den despektierlichen Bemerkungen bemüht grinst, werden die Haarrisse (so nennt dies der Lahnsteiner Paartherapeut Dr. Mathias Jung) in der Beziehung durch solche Nachlässigkeiten vertieft. Die feinen Irritationen, die nach und nach zur Respektlosigkeit führen. Das Blöde daran: Manchmal fällt es uns selbst gar nicht auf. Oder wir glauben, ein Scherzchen zu machen. Aber es zersetzt den Respekt. Neulich hörte ich so einen treffenden Vergleich: Welche Kunden werden von Unternehmen am schlechtesten behandelt? Stammkunden, denn derer glaubt man sich sicher. Und mit wem reden Menschen am unfreundlichsten? Mit ihrem Partner, denn den glaubt man sich sicher. Deswegen muss es heißen: Wehret den Anfängen.

Wie sollten wir den, den wir lieben, behandeln? Am besten erinnern wir uns an die erste Zeit der Verliebtheit. Und daran, wie wir damals versucht haben, den Liebsten glücklich zu machen. Wir haben uns die Haare wachsen lassen, weil er unsere Locken geliebt hat. Wir haben ihm einen warmen Schal gestrickt. Wir haben das rote Kostüm im Schrank hängen lassen, weil er uns in rot nicht mochte. Wir haben Pudding gekocht, weil er so ein Süßmäulchen

143

war. Wir waren erfüllt von Liebe und dem Wunsch, ihn lächeln zu sehen. Und wir haben geredet – miteinander, nicht übereinander.

Nein, das hat nichts mit Verstellen zu tun oder mit sich selbst aufgeben, nichts mit mangelnder Emanzipation oder Unterwerfung. Sondern es gründet sich auf Liebe, Wertschätzung und Respekt. Und zwar von beiden Seiten.

Deshalb hier ein kleines Wertschätzungs-ABC für die große und anhaltende *Liebe*. Jeder Buchstabe steht für eine Grundregel in Sachen Respekt, die ich Ihnen kurz erläutern werde:

L iebe großherzig
I ntimes bleibt intim
E s gilt: keine Spielchen
B loß nie vor anderen kleinmachen
E inmischen verboten

Liebe großherzig

»Ich hab dich so lieb! Ich würde dir ohne Bedenken eine Kachel aus meinem Ofen schenken«, heißt es in einem Gedicht von Joachim Ringelnatz. Jedes Mal, wenn ich es lese, geht mir das Herz auf. Sich diese Großherzigkeit zu bewahren und nicht kleinkariert zu werden, ist die Herausforderung.

Dabei hilft eine Überlegung: Eine Frau ist nicht verantwortlich dafür, wie ihr Mann sich benimmt. Wenn er am liebsten in seiner verschlissenen Cordhose herumläuft, ist das seine Sache. Wenn er sich mit Schwager Kurt nicht gut versteht, ist das seine Sache. Eine Frau ist nicht die Mama und nicht die Super-Nanny eines Mannes. Er trägt die Verantwortung für sein Handeln.

Dass sie mit ihm unter vier Augen bespricht, was sie stört und warum sie sich wünscht, dass er anders reagiert – das macht Sinn. Aber in der Öffentlichkeit sollte sie aufhören, seine Gouvernante zu spielen: »Heinzchen meint das nicht so!« Doch, genau so meint Heinzchen es. Und wenn Schwager Kurt den Kampf aufnimmt, dann ist das die Sache zwischen diesen beiden erwachsenen Männern. Dass Frauen manche Verhaltensweisen bescheuert finden, ist unbenommen. Doch mit dem verbalen Hinterherräumen entmündigen Frauen ihren Mann.

Das Nächste, was Frauen sich abgewöhnen sollten, ist Rechthaberei. »Siehste, hab ich dir doch gleich gesagt« – diesen Satz sollten sie sich möglichst verkneifen. Auch wenn sie vorher schon sehen, dass das Schränkchen zu breit für die Nische ist (wer hat eigentlich behauptet, dass Frauen kein räumliches Denkvermögen haben? Quatsch!). Aber der Ton macht die Musik. Nichts hindert uns zu sagen: »Bitte hör das nächste Mal vorher auf mich! Ich habe keine Lust, den blöden Schrank wieder auseinanderzubauen.«

Was Haarrisse in der Liebe erzeugt, sind die kleinen feinen Nadelstiche. »Ach ja, haben wir uns mal wieder verfahren?«, oder: »Als der Herr Hirn verteilte, waren wir gerade auf dem Klo, oder?« Habe ich Nadelstiche gesagt? Das sind schon Säbelhiebe!

Auch verzeihen können gehört zur Großherzigkeit. Nicht noch Jahre später auf alten Geschichten herumreiten: »Und vor drei Jahren hast du auch unseren Kennenlerntag vergessen gehabt …« Mäkmäk! Wenn eine Frau ihren Mann demotivieren will, braucht sie nur alles aufzählen, was er in den letzten fünf Jahren falsch gemacht hat, möglichst verbunden mit den Worten »immer« und »nie«. Und Frauen können das!

Verzeihen heißt anerkennen, dass der andere auch nur ein Mensch ist, und morgens nicht mit der Absicht aufsteht, uns zu kränken. Frauen, hört auf, die »Rabattmarken des Gekränktseins« zu sammeln. Sagt, was euch stört, und fordert, wie ihr behandelt werden möchtet!

Marita, 42, und Thomas, 41, waren seit zwei Wochen ein Liebespaar, als er das erste Mal bei ihr übernachtete. Beim gemeinsamen Frühstück strich Marita sich ein Brot mit Butter und Marmelade. Als sie fertig war, griff er strahlend danach.

Thomas: »Ihren Blick werde ich im Leben nicht vergessen. Ich wollte eigentlich einen Scherz machen, aber sie hat mich angesehen, als wenn sie mir gleich mit dem Buttermesser die Kehle durchschneiden wollte.«

Marita: »Diese Szene war für mich der Inbegriff der Unterwerfung von Frauen. Ich dachte wirklich, ich müsse ihn ermorden. Was glaubte er von mir, dass ich ein kleines, doofes Weibchen bin, das ihm die Stullen schmiert?«

Thomas: »Hat sie wirklich geglaubt, ich bin so ein doofer Macho, der sich von seiner Frau Brote schmieren lässt? Ich bin schon groß, ich kann das wirklich allein.«

Sie haben noch oft über diese Szene gesprochen und über die Angst, die Marita hatte, in eine Rolle gedrängt zu werden, ihre Eigenständigkeit zu verlieren. Über das Bild ihrer Mutter, die sich stets dem Vater angepasst hat. Und darüber, dass sie niiiiiemals so werden wollte wie Mama. Seit mehr als zwei Jahren sind sie jetzt ein Paar und machen sich gegenseitig Brote, wenn sie Lust haben. Und ab und zu lachen sie noch über die Buttermesser-Story, die ein wichtiger Baustein ihrer jungen Liebe geworden ist.

ICH HABE DICH SO LIEB

Ich habe dich so lieb!
Ich würde dir ohne Bedenken
eine Kachel aus meinem Ofen schenken.
Ich habe dir nichts getan.
Nun ist mir traurig zu Mut.
An den Hängen der Eisenbahn
leuchtet der Ginster so gut.
Vorbei – verjährt –
doch nimmer vergessen.

Ich reise.
Alles, was lange währt,
ist leise.
Die Zeit entstellt alle Lebewesen.
Ein Hund bellt.
Er kann nicht lesen.
Er kann nicht schreiben.
Wir können nicht bleiben.
Ich lache.
Die Löcher sind die Hauptsache in einem Sieb.
Ich habe dich so lieb.

JOACHIM RINGELNATZ

Ihre Erfahrung zeigt auch, dass wir achtsam bei Scherzen und Bemerkungen sein müssen: erkennen, was passiert, und darüber reden, was es bei uns auslöst. Nur so kommen wir den Hoffnungen und Ängsten unseres Liebsten auf die Spur. Verstehen ihn besser und machen unsere Handlungsweisen verständlich.

Großzügigkeit heißt vor allem: Ich liebe dich so, wie du bist! Das heißt nicht, dass ich alles hinnehmen muss, was du tust. Aber ich lasse dir deinen Selbstwert. Ich achte dich, auch wenn ich sauer auf dich bin. Und ich stelle nicht bei jedem kleinen Ärger unsere Liebe als solche infrage.

Intimes bleibt intim

Sitzen fünf Freundinnen zusammen, trinken Sekt und erzählen sich gegenseitig Geschichten über ihre Erfahrungen mit Männern und Sex. Eine wilde, ausgelassene Ge-
sellschaft. Christine posaunt plötzlich heraus: »Und wenn
es bei Norbert mal nicht geht, dann nimmt er schon mal
eine Viagra, die hilft wirklich.« Alle lachen. Der Abend
endet fröhlich.

Anette kommt beschwipst nach Hause und erzählt ki-
chernd ihrem Mann Bernd: »Stell dir mal vor, wenn bei
Christine und Norbert im Bett manchmal nix mehr geht,
dann …«

Bernd und Norbert treffen sich eine Woche später mit
Freunden beim Bowling. Bernd boxt Norbert lachend in
den Bauch, wie Kumpels es halt so tun, und feixt: »Na, Alter, ich habe gehört, du kriegst auch keinen mehr hoch?«

Au nee. Das darf nicht passieren. Nun könnte man sagen,
Anette ist blöd – wie kann sie es ihrem Mann erzählen?!
Man könnte sagen, Bernd ist blöd, wie kann er das nur so
herausposaunen?! Man muss sagen: Christine, halt über
Intimes einfach die Klappe. Das geht niemanden etwas an.

Ich selbst weiß, wie fröhlich es in Frauenrunden zuge-
hen kann, und Frauen haben auch keine Scheu, über In-
timstes wie Regelprobleme, Brustpiercing, Intimrasur oder
sonst etwas zu reden. Aber es gibt den einen Rat: Haltet
euer Sexleben raus, wenn euch eure Liebe etwas wert ist.

Der Teufel ist ein Eichhörnchen. Und niemand kann es wollen, dass im Bekanntenkreis die Geschichte kreist, dass Ulla den Penis ihres Mannes »Meister Propper« nennt. Das Bettgeflüster geht niemanden etwas an. Genauso wie ich es unpassend fand, von Heidi Klum in der Zeitung zu lesen, dass sie ihren Brüsten Namen gegeben hat und ihr Mann Seal so ein »Paket« in der Radlerhose hatte. Ich will das nicht wissen! Und da ist es egal, ob damit geprahlt oder gelästert wird.

Es gilt: keine Spielchen

Erzählt ein Mann, etwa Mitte 30, in einem Seminar über Gelassenheit, dass es jeden Sonntag auf der Fahrt zu seinen Eltern Streit mit seiner Frau gäbe. Sie werde nie rechtzeitig fertig, deshalb kämen sie immer zu spät zum Essen, und es gäbe Zoff. Er säße um halb zwölf pünktlich mit den beiden Kindern im Auto, nur seine Frau ließe auf sich warten.

Ich frage nach, ob seine Frau vielleicht keine Lust auf das allwöchentliche Essen bei den Schwiegereltern hätte? »Doch, doch, das war noch nie ein Thema«, sagt er im Brustton der Überzeugung. Aus der Gruppe kommt der Rat: »Fahr doch einfach zum verabredeten Zeitpunkt los. Dann wird sie schon merken, dass sie pünktlich sein muss.« Großes Gelächter. Ist nur konsequent. Und wahrscheinlich, denke ich mir, der heftige Anstoß für ein Gespräch zwischen den beiden.

Abends holt die Ehefrau ihren Mann vom Seminar ab, sie ist vermutlich Anfang 30. Wir kommen ins Gespräch. Ihr Mann erzählt ihr lachend von der Überlegung, einfach wegzufahren. Sie schaut mich etwas sauer an und sagt: »Darf ich Ihnen mal erzählen, wie die Sonntage ablaufen, und warum es immer Streit gibt? Nach dem Frühstück geht der Herr Gemahl ins Bad, duscht sich und zieht sich an. Dann dusche ich unsere beiden kleinen Kinder und ziehe sie an. Ich räume die Küche auf und werfe noch eine Maschine Wäsche ein.

Da sitzt mein Mann schon im Auto und hört Radio. Dann hole ich den Kuchen aus dem Ofen, den ich mitnehmen will. Ich verpacke die Ableger aus dem Garten, die ich meiner Schwiegermutter versprochen habe. Dann erst komme ich dazu, selbst zu duschen und mich anzuziehen. Das Bad sieht aus wie Sau, also noch schnell Bad putzen, Betten machen. Wenn ich dann völlig abgekämpft ins Auto einsteige, ist er sauer. So sieht's aus!«

Was wir hier erleben, ist ein klassisches Ehe-Spielchen. Es geht einher mit: nicht reden, sondern übelnehmen, missachten, schmollen, abschotten, Schuldzuweisungen, Opferrolle, Überheblichkeit, passivem Widerstand. – Schluss damit!

Die erste Frage, die die beiden Sonntags-Streiter offen miteinander klären müssen: Wollen sie wirklich beide jeden Sonntag zu seinen Eltern fahren? Ich würde einen Hunderter drauf wetten, dass die Frau, wenn sie ehrlich ist, das verneinen würde. Wie wäre es mit Alternativen: einmal im Monat, einmal zum Kaffeetrinken, einmal fährt er allein mit den Kindern, und sie hat einen Tag frei oder, oder, oder.

Nächste Frage, die zu klären wäre, wenn sie wirklich dieses Sonntagsritual beibehalten wollen: Warum sitzt er geschniegelt und gespornt Radio hörend im Auto, während sie noch schuftet? Da herrscht Regelungsbedarf: Du machst dies, ich mach das, und wenn wir mit allem fertig sind, erst dann setzen wir uns gemeinsam ins Auto.

Liebe braucht erwachsene Menschen, Frauen und Männer, mit einer Überzeugung, wie sie sich ihr Leben vorstellen, mit einem Standpunkt, den sie vertreten können, mit dem Mut anzusprechen, was stört. Meine Erfahrung: Viele Spielchen sind leicht zu durchbrechen, wenn sich einer der beiden traut, es anzusprechen. Meist ist es nicht böse Absicht, sondern Unbedarftheit, was den anderen ärgert. Es ist kein Kalkül, sondern Bequemlichkeit, wenn Aufgaben ungleich verteilt sind. Liebe heißt: Sprengstoff entschärfen, Minenfelder räumen. Das gilt auch für überflüssige Eifersucht-Spielchen nach dem Motto »Mal sehen, ob er/sie mich noch liebt«. Rede mit dem, den du liebst. Und mach ihn nicht zum Affen.

> »Frauen sollten nicht aufhören, Gefühle auszudrücken, sondern aufhören, Vorwürfe zu machen.«
> JOHN GOTTMAN

Bloß nie vor anderen kleinmachen

Achtung ist die wichtigste Grundlage der Liebe, und Verachtung ist ihr Ende. Woran erkennt man den Unterschied? Lassen Sie mich das an einigen einfachen Alltagsbeispielen zeigen, die ich im Laufe meines Lebens von Frauen gehört habe. Der Unterschied zwischen Achtung und Verachtung liegt in wenigen kleinen Formulierungen:

Achtung: »Guckt mal. Günther hat dieses Regal selbst gebaut. Mehr als vier Wochen hat er daran gesessen!«

Verachtung: »Günther hat dieses Regal selbst gebaut. Merkt man auch, er hat einfach zwei linke Hände. Also ehrlich, ich trau mich nicht, was draufzustellen!«

*

Achtung: »Schatz, erzähl doch mal, wie dir neulich der Reifen geplatzt ist!«

Verachtung: »Schatz, erzähl doch mal, wie dämlich du dich neulich mit dem Reifenwechsel angestellt hast!«

*

Achtung: »Tut uns leid, dass wir zu spät sind.«

Verachtung: »Tut mir leid, dass wir zu spät sind. Also manchmal ist Andreas wirklich zu blöd, seine Autoschlüssel zu finden.«

Ja, ich weiß, dass manche Frauen es nicht böse meinen, wenn sie so reden (und Männer, die das Gleiche tun, auch nicht). Das war doch nur ein Scherz. Aber solche Scherze sitzen. Die Frage, die ich mir immer selbst stelle: Würde

153

ich wollen, dass mein Mann so über mich redet? Würde mir gefallen, wenn er sagen würde:

»Ach, meine Frau kommt einfach an keinem Stück Torte vorbei.«

»Ach, meine Frau ist manchmal so durcheinander, dann findet sie sogar ihre Brille nicht, obwohl sie sie aufhat.«

»Ach, meine Frau hat solche Plattfüße, also ohne Einlagen könnte sie das lange Stehen nicht mehr durchhalten.«

Nein, nein, nein. Würde ich nicht wollen.

Genauso wenig gefällt mir, wenn eine Frau erzählt, dass ihr etwas älterer Mann »morgens vor dem Spiegel seine Haare zählt«. Stopp. Das geht niemanden etwas an. Überhaupt stehen alle Bemerkungen übers Älterwerden, sein »Bäuchlein«, seine Falten, seine Kurzatmigkeit auf der No-go-Liste, wie das neudeutsch heißt. Geht überhaupt nicht.

So wie ich es völlig daneben finde, wenn ein Mann seine mollige Frau öffentlich »Dickie« nennt. Ja, wo sind wir denn? Oder genüsslich über ihre Einparkschwierigkeiten erzählt. Nein und nochmals nein. Bitte auch Männern weitersagen!!!

Ärgern kann man sich überall, gestritten wird zu Hause!

Ebenso wenig gehen öffentliche Bemerkungen über Schwierigkeiten im Job. »Hat doch neulich sein Chef gewagt, …« Wenn er das erzählen möchte, soll er. Aber sie –

stopp! Zur Unterscheidung: Wenn eine Frau mit ihrer besten Freundin über Kummer und Sorgen redet, ist das völlig okay. Gut, wenn man eine Vertraute hat. Aber es ist kein Partygesprächsstoff.

Das klingt jetzt alles sehr rigoros, und wir sind, wie gesagt, keine Engel: Wohl jeder von uns ist schon einmal eine flapsige Bemerkung herausgerutscht, ein Wortwitz, der einfach zu verlockend war, um ihn nicht zu bringen. Und irgendwann hat unser Partner uns dann kopfschüttelnd angeschaut: »Was war das denn jetzt?« Dann sollten wir uns an die Fünf-zu-eins-Regel aus Kapitel fünf erinnern und versuchen, den Ausgleich wiederherzustellen. Auf eine kritische Bemerkung fünf nette. Das hält eine Partnerschaft aus.

In einer guten Partnerschaft gilt auch der Grundsatz: Ärgern kann man sich überall, gestritten wird zu Hause! »Franz, musst du denn wirklich noch ein Bier trinken? Jetzt ist aber gut.« Das ist öffentliche Respektlosigkeit. Wenn sie ein Problem mit seinem Alkoholkonsum hat, dann muss sie das – nüchtern und ernsthaft – zu Hause ansprechen. Aber nicht, Verstärkung von den anwesenden Frauen erheischend, in die Geburtstagsfeier plärren.

»Was du nicht willst, das man dir tu, das füg auch keinem andern zu!« ist ein wunderbarer Merksatz. Er kann in Sekundenschnelle Unheil vermeiden helfen. Das gilt auch für den Fall, wenn der Partner ein öffentlicher Motzer ist: »Angelika, zieh den Bauch ein, die anderen wollen ja auch noch mit aufs Foto! Haha!«

Was tun, wenn der Partner der Giftspritzer ist, der seine Frau vor anderen lächerlich macht? Dann heißt es, sich eine ungestörte Stunde mit ihm zu reservieren und ihm zu sagen, wie sie das empfindet. Und mehr als das, ihn aufzufordern, damit aufzuhören. »Sag mir bitte unter vier Augen, was dich stört, aber verbrüdere dich damit bitte nicht mit deinen Kumpels! Das tut mir weh!« Gilt sie dann bei ihm als humorlos? »Ach, Schätzelein, das meine ich doch gar nicht so!«, sagt er vielleicht in Kerkeling-Manier. Na gut. Dann ist sie eben in diesem Fall humorlos. Und er muss es akzeptieren. Liebe darf Ansprüche stellen.

Erinnern Sie sich noch an den Satz: »Bitte tu es mir zuliebe«? Wenn er darauf nicht eingehen kann, dann steckt mehr hinter dem Konflikt, als sie gedacht hat. Und es wird umso dringender, offen miteinander zu reden. Eine wunderbare Anleitung für solche Konfliktgespräche, die »Denver-Regel«, finden Sie im nächsten Kapitel.

Einmischen verboten

Erinnern Sie sich an das Schild, das ich in einem früheren Kapitel erwähnt habe: »Wenn Sie zufrieden sind, sagen Sie es anderen. Wenn Sie nicht zufrieden sind, sagen Sie es uns!« Das gilt auch für die Partnerschaft. Wenn ich etwas im Leben kapiert habe, dann ist es dies: Sammle, wenn du unzufrieden bist, nicht die familiären Heerscharen hinter dir. Und verbitte es dir, wenn diese sich sogar ungebeten einmischen.

»Der Ludwig würde auch gern mal wieder ein gutes Steak essen«, flötet die Schwiegermutter, »also dieses fleischlos essen, ob das gesund ist?« Dann soll der liebe Ludwig es sagen oder eins kaufen oder eins braten oder eins essen. Basta. Und seiner Mutter sagen, dass das nicht ihre Angelegenheit ist.

Ein richtig gefährlicher Sprengstoff für Paare ist die Einmischung von außen, egal ob von der eigenen Familie, der Familie des Partners oder aus dem Bekanntenkreis: »Er hat gesagt, …«, – »Du solltest wissen, …«, »Wie kannst du nur …«, – »Meint du nicht auch, er sollte mal …« Fürsorglich, liebevoll, vielleicht sogar ehrlich gemeint – egal, es gibt einen Satz dagegen: »Lasst das bitte unsere Sorge sein.«

Wir haben heute kein Vorbild für eine Partnerschaft mehr, jede/r von uns lebt das eigene Muster, die eigene Blaupause von Liebe. Und deswegen kann von außen niemand sagen, was richtig und was falsch ist. Ein Mann ist kein Waschlappen, wenn die Frau mehr Geld verdient als er. Eine Frau ist keine Schlampe, nur weil man in der Wohnung nicht »vom Fußboden essen kann« (wahrscheinlich gibt es einen Tisch mit sauberen Tellern). Kinder verwahrlosen nicht automatisch, wenn beide berufstätig sind. Ein Paar ist nicht dem Untergang geweiht, wenn es die Mülltonnen nicht von innen auswäscht und den Garten verwildern lässt.

Auf der anderen Seite kann eine Frau aber auch engagierten Freundinnen sagen: »Ich habe wirklich kein Problem damit, seine Hemden zu bügeln.« Wenn sie es wirklich will! – »Nein, ich beteilige mich nicht am Männer-Bashing. Ich mag meinen Mann. So wie er ist.« – »Nein, ich habe nichts dagegen, dass er sich mit seine Exfrau trifft. Hey, die haben gemeinsame Kinder.« Manchmal müssen wir aufpassen, dass wir uns nicht Probleme einreden lassen. Und rechtzeitig und liebevoll »Stopp« sagen.

Was nicht heißt, dass wir Anregungen von außen nicht aufnehmen. »Warum bin ich eigentlich allein für die Wäsche zuständig? Ich sollte wirklich mal mit ihm reden.« »Es gefällt mir auch nicht, dass er seine Probleme ständig mit seiner Ex bespricht. Ich werde mit ihm darüber reden.« »Beate sagt, ich sollte mal wieder etwas für mich tun. Stimmt, ich wollte doch schon lange einmal … Ich werde mit ihm darüber reden.«

Also versuchen wir es noch einmal, wacher, achtsamer und liebevoller: Willkommen im Theater der Liebe. Wir spielen die Neuinszenierung des Stücks »Glaube, Liebe, Hoffnung«. Hauptdarsteller: eine Frau und ein Mann, die sich verliebt haben, wild und unersättlich. Die sich redlich bemühen, sich durch die Fallstricke des Alltags zu arbeiten. Die wissen, dass Männer und Frauen gleichberechtigt, aber unterschiedlich sind. Die um ihre Verletzlichkeit wissen und um ihre Verantwortung. Die sich respektieren und achten. Die ihr Bestes geben und sich verzeihen, wenn das

Beste nicht gut genug war. Die keine Angst davor haben, sich zu streiten, weil eine Partnerschaft keine reine Kuschelecke ist. Die aber gut streiten können, weil ihre Liebe ein ausreichend starkes Fundament ist. Happy End ist wahrscheinlich.

Im nächsten Kapitel geht es darum, wie Frauen eine angeschlagene Partnerschaft vielleicht sogar retten können.

Liebesgeschichte 6:

Der Unfall
von Peggi Müller

Es war Ende 1988 – ich war 21 Jahre –, als ich einen Mann kennenlernte. Ich wohnte damals in Berlin-Treptow, und er hatte in Treptow im Rahmen der Armee seinen Einsatzort. Wir verliebten uns wahnsinnig ineinander. Als im Frühjahr 1989 sein Armeedienst beendet war, überlegte ich nicht lange – ich gab meine Arbeit in Berlin auf und zog im Sommer zu ihm nach Thüringen, wo er mit seinen Eltern in einem großen Haus auf dem Dorf wohnte. Im Januar 1990 zogen wir zurück nach Berlin. Dann wurde ich schwanger, und wir heirateten. Alles lief recht gut.

Es war die Wendezeit, und auch wir fuhren öfter nach Westberlin. Dort kauften wir uns ein tolles gebrauchtes Auto. Optisch war der Wagen sehr gepflegt und mit vielen – für uns damals sehr beeindruckenden – Extras ausgestattet. Ob technisch alles in Ordnung war, konnten wir damals leider nicht nachprüfen, und es fehlte uns einfach die Erfahrung!

Wir hatten dieses Fahrzeug drei Wochen, als wir uns am 21. Dezember entschlossen, noch kurz vor den Weihnachtsfeiertagen nach Königs Wusterhausen in ein Autohaus zu fahren, um etwas Zubehör zu besorgen. Auf der Rückfahrt fuhren wir durch ein Waldgebiet kurz vor Berlin. In Höhe einer Lichtung geriet das Auto ins Schleudern, wir kamen auf die Gegenfahrbahn und landeten anschließend im Straßengraben an einem Baum.

Offensichtlich unter Schock schüttelte ich mir die Splitter der Scheiben vom Körper, zerriss meine Hose, die eingeklemmt war, als ich aus dem Auto, oder dem, was davon noch übrig war, kroch. Ich versuchte meinen Mann aus dem Auto zu ziehen, was mir aber nicht gelang. Deshalb stellte ich mich – im neunten Monat schwanger und mit zerrissenen Sachen – mitten auf die Straße und hielt die Autos an. Die Leute waren sehr hilfsbereit; alarmierten einen Krankenwagen und holten meinen Mann aus dem Auto.

Er war die ganze Zeit bewusstlos und hatte offensichtlich ein gebrochenes Bein – das war alles, was ich in diesem Moment registrierte. Es war das letzte Mal, dass ich ihn sah! In getrennten Krankenwagen kamen wir ins Krankenhaus nach Königs Wusterhausen. Man teilte mir mit, dass mein Mann untersucht und versorgt werde, und untersuchte natürlich auch mich und mein ungeborenes Kind.

Offenbar fehlte mir nicht viel, aufgrund der Schwere des

Unfalls musste ich aber zur Beobachtung im Krankenhaus bleiben. Bei Fragen nach dem Gesundheitszustand meines Mannes vertröstete man mich; ich bekam Beruhigungsmittel zum Schlafen und schlief auch tatsächlich ein wenig. Kurz vor Mitternacht platzte die Fruchtblase und mein Kind wurde am Morgen des 22. Dezember mit Kaiserschnitt zur Welt gebracht.

Danach lag ich drei Tage am Tropf und aufgrund von Schmerz- und Beruhigungsmitteln kann ich mich nur schwach an diese Zeit erinnern. Ich bekam erst wieder mit, dass meine Eltern mit einem Arzt an meinem Bett standen und meine Mutter mir mitteilte, dass es mein Mann nicht geschafft hatte. Er sei gut zwei Stunden nach dem Unfall im Krankenhaus verstorben, noch bevor sein Sohn zur Welt kam!

Als ich wieder klar im Kopf wurde, registrierte ich das Ganze erst. Ich wusste nicht, wie es weitergehen sollte; ich liebte und hasste meinen Sohn. Hin- und hergerissen – sollte ich aus dem Fenster springen, oder musste ich jetzt für meinen Sohn absolut stark sein – entschied ich mich für den zweiten Weg.

Nach gut zwei Wochen wurden wir aus dem Krankenhaus entlassen und verbrachten die ersten Monate bei meinen Eltern in Dresden. Ich fand meinen Lebensmut wieder und war ganz für meinen Sohn da; dann stellte ich mich der Realität, und wir gingen zurück in unsere kleine Wohnung nach Berlin. So oft wie möglich fuhr ich mit der Bahn zu meinen Schwiegereltern nach Thüringen – wenn sie schon ihren Sohn verloren hatten, sollten sie wenigstens ihr Enkelkind regelmäßig sehen.

Nach einem Jahr kaufte ich mir ein kleines Auto, um schneller und bequemer nach Thüringen und Dresden fahren zu können. Mein Sohn bekam den besten Kindersitz, den es zu dieser Zeit gab, und so fuhren wir oft von einer Oma zur anderen.

Natürlich machte ich mir Gedanken um unsere Zukunft. In vielen Büchern stand, dass gerade Jungen einen großen Bezug zum Vater haben und es nicht günstig ist, wenn sie ohne Vater aufwachsen. Also suchte ich mir über eine Partnervermittlung einen Mann und für meinen Sohn einen Vater!

Nach einigen nicht ganz so geeigneten »Kandidaten« stand im Oktober 1992 ein Mann vor meiner Tür, der sofort passte. Es war wirklich Liebe auf den ersten Blick. Nach einigen Treffen machte er im November mit uns einen Ausflug in ein Dorf nahe Berlin, um uns den Garten seiner Eltern zu zeigen. Wir gingen dort zu dritt spazieren und schauten uns die Gegend an.

Auf der Rückfahrt – es war mittlerweile dunkel und regnete – geriet eine Autofahrerin auf der Gegenfahrbahn ins Schleudern, stieß mit unserem Auto zusammen, und wir landeten erneut im Straßengraben. Meinem Sohn war überhaupt nichts passiert, mein Freund hatte ein Schleudertrauma, und bei mir war das Brustbein durch den Gurt angebrochen. Das Auto hatte wieder einen Totalschaden. Ich musste zur Kontrolle eine Nacht im Krankenhaus bleiben. Mein Freund erwies sich auch in dieser Zeit als absolut liebenswert, hilfsbereit und zuverlässig. Da ich nach diesem Unfall nicht schwer heben durfte, war er ständig für uns da und half mir, wo es nur ging.

Am 1. Oktober 1993 heirateten wir. 1996 bekamen wir unseren zweiten Sohn. Wir sind bis heute glücklich verheiratet (immerhin werden es in diesem Jahr schon 15 Jahre) und unsere Jungs werden absolut gleich behandelt. Der große Sohn ist jetzt 17 Jahre und oft hat er einen besseren Draht zu meinem Mann als zu mir. Ich habe bei einem schrecklichen Unfall einen Mann verloren und bei dem nächsten Unfall einen Mann gefunden.

8 Ich darf meine Liebe retten

Liebe wild und unersättlich – wie soll das gehen in einer Partnerschaft, die schon seit vielen Jahren besteht? Mit kleinen Kindern oder Pubertierenden? In der plötzlichen Stille, wenn die Kinder aus dem Haus sind? In Zeiten, in denen die beruflichen Anforderungen immer weiter steigen und immer weniger Zeit füreinander bleibt? Wenn sich die Lebenswelten voneinander entfernen? Wenn man sich aneinander gewöhnt hat und das Prickeln verebbt ist? Wenn die Körper lasch werden und die Fantasien noch lascher? Wenn der Fernseher öfter läuft als der Sex? Wenn es keine Überraschungen mehr gibt und die Liebe sich auf ein Normalmaß eingependelt hat? Um diese Fragen geht es in diesem Kapitel. Und um hoffnungsfrohe Antworten.

In meinen Vorträgen gibt es eine Stelle, mit der ich das Publikum immer wieder zum Lachen bringe. Meine Überzeugung: Wer lacht, lernt. Und ich finde, dass man durch diese Passage eine Menge für sich lernen kann. Hier ist dieser lustige Denkanstoß: »Liebe leben heißt, sich jeden Morgen die Frage zu stellen: Möchte ich morgens als Erstes dieses Gesicht neben mir sehen, wenn ich aufwache?«

Ehrlich, das ist eine ganz rationale, unemotionale Frage.

Wenn die Antwort »ja« ist, küssen Sie's! Sagen Sie Ihrem Liebsten, wie froh Sie sind, dass Sie zusammen sind.

Wenn die Antwort »nein« ist, hm, dann haben Sie ein Problem.

Sie können natürlich Ihre Schlafposition ändern, sodass Sie nicht als Erstes dieses Gesicht sehen. Oder Sie können an getrennte Schlafzimmer denken. Oder an die längst fällige Eheberatung. Oder aber, das ist wirklich die rabiateste Option: Sie geben diesem Menschen noch einmal die Chance, jemanden zu finden, der ihn wirklich liebt (an dieser Formulierung habe ich lange gefeilt; ich hoffe, sie gefällt Ihnen genauso gut wir mir).

LIEBE ALS NATURTALENT

Einige begnadete Menschen besitzen die Fähigkeit zu lieben und geliebt zu werden als Signatur-Stärke. Liebe fließt aus ihnen heraus wie ein Fluss, und sie saugen Liebe auf wie ein Schwamm. Das ist natürlich der direkteste Weg zur Liebe. Viele von uns haben aber diese Stärke nicht, und wir müssen daran arbeiten. Glücklicherweise gibt es viele Wege: Freundlichkeit, Dankbarkeit, Versöhnlichkeit, soziale Intelligenz, Weitblick, Lauterkeit, Humor, Schwung, Selbstbeherrschung, Klugheit und Bescheidenheit sind alles Stärken, aus denen Liebe gewonnen werden kann.

MARTIN E. P. SELIGMAN, DER GLÜCKS-FAKTOR

Nein, im Ernst: Vielleicht können wir nicht jeden Morgen ohne Rückhalt »Ja« sagen. Aber dann hoffentlich an fünf von sechs Tagen (Sie erinnern sich an »Fünf-zu-Eins«?). Oder in fünf von sechs Wochen. Wenn immer öfter ein »nein« oder ein »was weiß ich« dazwischenkommt, dann ist es höchste Zeit, etwas für die Liebe zu tun.

Ich stand neulich mit meinem Liebsten auf dem Loreley-Felsen hoch über dem Rhein bei St. Goarshausen. Der Fluss strömte mit hoher Geschwindigkeit durch das enge Tal, das Wasser rauschte über die berüchtigten Stromschnellen. Und uns fiel ein bildhafter Vergleich ein, wie sich Ehen lebendig erhalten lassen:

Die Liebe ist wie ein naturbelassener breiter Fluss. Jeder Strom beginnt mit einer Quelle. Er sprudelt anfangs als glasklarer, heller Bach durch die Landschaft, unter den Baumdächern lichter Wälder, über Kiesel und Steine, begleitet von Vogelgezwitscher, unbeschwert, lebhaft, fröhlich. Er darf dann kraftvoll und mächtig durch sein Tal fließen. Er hat sich seinen Weg gesucht zwischen steilen Felsen, sanften Hügeln und saftigen Wiesen. Je weiter er führt, desto ruhiger und träger wird er. Nun können auf ihm auch Lasten befördert werden, er wird benutzt und manchmal verschmutzt.

Ab und zu finden sich gefährliche Untiefen darin – Sandbänke und Stromschnellen. Und an seinem Ufer lockt immer wieder eine Loreley oder ein Drachenfels, die jenen, die den Strom befahren, Gefahr bringen.

Die vier Grundelemente einer produktiven Liebe:

- Fürsorge
- Verantwortungsgefühl
- Achtung, Respekt
- und wissendes Verstehen.

Erich Fromm, Psychoanalytiker

Manchmal überschwemmt er das Land und sorgt für Ärger und Leid.

Manchmal trocknet ein Fluss aus, verschwindet einfach irgendwo in der Wüste. Und keiner weiß, wieso.

Manchmal wird er begradigt. Dann muss er sich in ein künstliches Bett zwängen, wird aufgestaut, durch Maschinen reguliert. Er verliert seine Lebendigkeit und seine Kraft, dümpelt so dahin.

Manchmal merken die Menschen, dass sie dem Fluss damit seine Lebendigkeit genommen haben und damit seine Überlebensfähigkeit. Und sie deregulieren ihn, geben ihm seine Kraft und seine Einzigartigkeit zurück.

Übersetzt auf die Liebe: Sie beginnt meistens fröhlich, lebendig, ungebändigt. Die Sonne scheint, die Vögel zwitschern. Alles scheint leicht und heiter. Nach einiger Zeit verliert sich das Unbekümmerte. Die Verantwortung steigt, manchmal wird ein Haus gebaut, werden Kinder in die Welt gesetzt, Ziele gesetzt, Werte geschaffen. Die Liebe transportiert jetzt eine Menge Leben mit.

Sie ist manchen Verlockungen ausgesetzt, die links und rechts am Ufer warten. Und nicht immer bleiben die Liebenden standhaft, wenn die Lockrufe zu stark sind und der Partner gerade etwas abgelenkt ist.

Manchmal schrappt die Liebe über kantige Felsen. In den Stromschnellen bricht sich die Kraft, wirbelt umher, verliert für einige Zeit die Richtung. Dadurch werden Ablagerungen aufgewirbelt und der Flusslauf leicht verändert, um dann in belebtem Zustand weiterzufließen.

Manchmal teilt sich der Liebes-Fluss an dieser Stelle, findet nicht mehr zusammen, entfernt sich immer mehr und fließt in zwei Betten weiter (schließlich sagt man ja auch »Die Liebe geht den Bach runter«).

Manchmal tritt die Liebe über die Ufer und Tränenflüsse überschwemmen das Land.

Manchmal versickert eine Liebe und keiner weiß wohin und warum.

Und manchmal versuchen die Menschen, die Liebe zu sehr zu regulieren, pressen sie in ein enges Korsett von Abmachungen: »Wenn du dies akzeptierst, akzeptiere ich jenes.« – »Das ist erlaubt, das verboten.« – »Halte dich an die Regeln, dann wirst du geliebt. Wenn nicht, dann nicht.« Absprachen zum Thema Sex rauben die letzte Spontaneität: »In der Woche zwier schadet weder ihm noch ihr!

Macht im Jahre hundertvier« (Martin Luther). Oder: »Samstags nach der Sportschau« oder »Wenn ich mein rosa Negligé anziehe«.

Die Liebe verliert durch strenge Regularien ihre Kraft, schleppt sich dahin, funktioniert nur noch, wird zur Zweckgemeinschaft zweier Menschen, die lieber mit beschränkter Lebensfreude zusammenleben als ganz allein zu sein.

Manchmal merken die Menschen, dass sie der Liebe dadurch ihre Lebendigkeit genommen haben und damit ihre Überlebensfähigkeit. Und sie deregulieren sie, geben ihr die Kraft, die Natürlichkeit und die Einzigartigkeit zurück. – Aber wie?

Verführen Sie Ihren Partner zur Liebe! Heißt: Erinnern Sie sich an die Quellen Ihrer Liebe und zapfen Sie sie erneut an.

Geliebt wirst du einzig, wo du dich schwach zeigen darfst, ohne Stärke zu provozieren!

Theodor W. Adorno

Psychologen haben eine Skala von minus zehn bis plus zehn aufgestellt. Auf der wird die Liebes-Zufriedenheit gemessen. Minus zehn heißt, wir schaffen es gerade noch, ohne uns umzubringen, durch die Zeit der Scheidung zu kommen. Plus zehn heißt: Überirdische Liebe. Irgendwo dazwischen befinden sich die meisten Paare.

Wie kommt nun ein Paar auf der Skala der gemeinsamen

Lebensfreude von minus 4 auf plus 2 oder von plus 2 auf plus 6? (Sie können einen Kurz-Check Ihrer Paar-Position am Ende dieses Kapitels ab Seite 185 machen).

Lebensforschung und Lebenserfahrung geben hier klare Hinweise. Die beiden wichtigsten Fähigkeiten sind

- Achtsamkeit und
- Unersetzbarkeit.

Was empfinden Sie für einen Menschen, der Ihnen gegenüber aufmerksam, achtsam, sorgsam ist? Der hinhört und hinschaut, mitbekommt, was Sie sagen, was Sie sich wünschen, was Sie brauchen? Was empfinden Sie für einen Menschen, der Ihnen die Sicherheit gibt: »Ich versprühe meinen Charme nicht mit der Gießkanne, sondern du bist der Mensch, dem ich meine Zeit, meine Kraft, meine Talente, mein Vermögen – materiell und immateriell – widme.« Das ist mit Achtsamkeit und mit Unersetzbarkeit gemeint. Und Ihr Herz wird diesem Menschen zufliegen. Sehen Sie, bei Ihnen funktioniert es genauso. Wenn Sie einem Menschen dieses unglaubliche Gefühl geben: Du bist das Wichtigste in meinem Leben, und ich möchte mit dir alt werden, ist die Chance groß, dass er sie zur Königin seines Lebens macht.

Achtsamkeit und Unersetzbarkeit lösen nicht alle Probleme. Aber wenn wir uns überlegen, was garantiert unglücklich macht, dann sind es Unachtsamkeit und Ersetzbarkeit, oder? Wenn wir uns nicht mehr wahrnehmen, keine Rücksicht aufeinander nehmen, den anderen vernachlässigen und verletzen, wenn es uns egal ist, wann er nach Hause kommt (oder überhaupt), was er gern hat oder gern isst, dann beginnt der freie Fall nach unten.

Thomas, 44, und Gerlinde, 39, haben sich so nach und nach aus den Augen verloren. Im Nachhinein können sie an Kleinigkeiten den Verfall ihrer Ehe dokumentieren (übrigens jeder mit Beispielen des anderen).

Gerlinde: »Thomas weiß, dass ich Knoblauch hasse. Irgendwann war ihm das egal, und er bestellte fleißig Knofelgerichte im Restaurant.«

Thomas: »Ich kann Technomusik nicht ausstehen. Was lief, wenn ich abends nach Hause kam? Na klar! Techno.«

Gerlinde: »Ich mag die Farbe grün nicht. Am Anfang unserer Ehe hat er das respektiert. Irgendwann hat er sich einen grünen Pullover gekauft. Ich wusste, das war das Ende.«

Thomas: »Wir waren nie mehr allein, jedes Wochenende hockten ihre Schwester, ihre Mutter und noch ein paar Freundinnen bei uns.«

Gerlinde: »Früher haben wir oft abends zusammengesessen und uns erzählt, was wir am Tag erlebt haben. Irgendwann hat er gar nicht mehr zugehört.«

Thomas: »Am Anfang hat es wahnsinnigen Spaß gemacht, zusammen unseren Urlaub zu planen. Irgendwann hat sie nur noch gemauert: zu weit, zu teuer, zu langweilig. Aber von ihr kam auch kein Vorschlag.«

Gerlinde: »Thomas hat tatsächlich angefangen, mir vorzurechnen, wie viel ich für den Friseur und die Kosmetikerin ausgebe.«

Der »Mehltau«, der sich über die Liebe und über beide Partner legt, verhindert, dass diskutiert, überhaupt noch gestritten wird. Der eine weiß ja angeblich schon, was der andere sagen wird. Bei Auseinandersetzungen ist es wie beim Aufeinanderprallen von Politiker-Statements. Man erzählt nichts mehr von sich selbst, weil es ja sowieso nicht mehr auf Interesse stößt. Im Gegenteil: Man sagt gleich mal, was der andere wohl sagen wird. »Du willst ja sowieso wieder, dass wir …«

Es gibt kein wirkliches Interesse mehr am anderen, es wird nur noch darauf geachtet, dass er nicht das Haus verlässt, sich nicht scheiden lässt, niemand anderen hat. Es ist die Balance des gegenseitigen Unglücklichseins.

Was hilft, den Mehltau zu vermeiden, die Liebe gesund und blühend zu erhalten? Was lässt den ewigen Strom der Liebe niemals austrocknen?

1. Schluss mit falscher Sicherheit

Es gibt keinen Rechtsanspruch auf Liebe. Jeder Tag ist voller Überraschungen. Jeder Tag kann aber auch bedeuten, dass es ist wie am ersten Tag, als man den geliebten Menschen entdeckt hat: mit all den Wünschen, Hoffnungen und Verzweiflungen. Es sind nicht die großen Themen, die eine Ehe gefährden, sondern die kleinen »Haarrisse«, die Unfähigkeit zu sprechen, wieder Kontakt aufzunehmen. Wenn Sie erste Haarrisse entdecken, machen Sie es so wie beim ersten Mal, damals in der »Balzphase«, als Sie sich noch alle Mühe gegeben haben. Wenn Sie abgewiesen werden, investieren Sie wieder genauso viel Kreativität und Energie wie beim ersten Mal. Richten Sie Ihre Augen, Ihren Sinn und Ihren Verstand ganz auf den Liebsten – wie beim ersten Mal. Und rechnen Sie wie beim ersten Mal immer damit, dass all Ihre Bemühungen ohne Erfolg bleiben. Verstärken Sie dann Ihre Bemühungen.

Ist so etwas in den Alltag, die Monate und Jahre des Zusammenlebens übertragbar? Mandy und Kevin haben es erlebt. Beide sind Mitte 30, sie leben unverheiratet zusammen. Sie arbeitet als Friseurmeisterin im eigenen Salon, er sucht seit einem Jahr Arbeit als Elektroinstallateur. Über den Aufbau ihres Geschäfts und über seine Arbeitslosigkeit haben sie sich fast verloren. Sie ist abends müde, er ist enttäuscht. Und beide sind unfähig, darüber zu reden.

Irgendwann sitzt Mandy abends bei ihrer Freundin Bettina auf dem Sofa und heult sich aus, wie langweilig ihr Leben ist, und dass sie sich einen Mann wünscht, der sie verwöhnt. Die Freundin reagiert ganz anders, als Mandy erwartet hatte: »Du willst Kevin wirklich nicht mehr? Also, ich würde mich sofort bewerben, ihn zu übernehmen.« Ihre Augen leuchteten. »Ich mag ihn wahnsinnig gern, er ist so lustig, mit ihm kann man sich richtig gut unterhalten. Und finde noch mal jemanden, der so gern tanzt. Also, wenn du ihn nicht mehr magst, ich finde ihn total sexy. Ich übernehme ihn sofort …«

> Der Brief, den du geschrieben,
> er macht mich gar nicht bang;
> du willst mich nicht mehr lieben,
> aber dein Brief ist lang.
> Zwölf Seiten, eng und zierlich!
> Ein kleines Manuskript!
> Man schreibt nicht so ausführlich,
> wenn man den Abschied gibt.
>
> HEINRICH HEINE

Mandy ist empört. Sie lässt sich doch Kevin nicht wegnehmen. Auf der Heimfahrt denkt sie an die ersten Jahre ihrer Liebe: Sie sind viel weggegangen, waren oft tanzen, hatten viel Spaß miteinander und mit ihren Freunden. Sie erinnert sich, mit welcher Begeisterung Kevin ihr geholfen hat, den Friseursalon einzurichten. Sie fängt an zu weinen. Alles scheint ihr so weit entfernt. Aber sie spürt auch, wie sehr sie diese Zeit vermisst. Sie möchte wieder mehr leben – mit Kevin.

Als Mandy nach Hause kommt, sitzt Kevin vorm Computer und spielt Poker. Wie so oft. Sie will gerade schimpfen, wie sie es in letzter Zeit meistens macht, beißt sich aber noch rechtzeitig auf die Zunge. Sie tritt von hinten an ihn heran und legt ihre Arme um ihn. »Na, gewinnste?« Kevin brummt etwas, ohne sich umzuschauen. Keine gute Gelegenheit, über ihr Leben zu sprechen, merkt Mandy.

Als er sie am nächsten Abend vom Geschäft abholt, fahren sie nicht nach Hause, sondern sie dirigiert ihn in ihre alte Lieblingskneipe. Nur so. Drinnen nimmt Mandy seine Hand: »Schön, mal wieder hier zu sein, nicht wahr?« Er nickt. Und spielt mit seinen Freunden eine Runde Dart. Das hat er ewig nicht mehr gemacht. Mandy hat sich den Abend zwar anders vorgestellt, aber das ist doch schon mal ein Anfang.

In den nächsten Wochen unternehmen sie immer häufiger etwas miteinander. Und mit ihren alten Freunden. Und nach und nach kommen sie wieder ins Reden. Es gibt kein Grundsatzgespräch über die Beziehung. Mandy kennt Kevin gut genug, weiß, dass er so etwas nicht mag. Aber sie wenden sich einander wieder zu. Kevin findet seinen Humor zurück. Kann auch mal erzählen, wie mies er sich fühlt, wenn er wieder einmal eine Absage bekommen hat. Vor dem Einschlafen liegen sie sich in den Armen und genießen es.

Weiter sind sie noch nicht, als Mandy mir ihre Geschichte erzählt. Sie fragt: »Warum müssen eigentlich immer wir Frauen den ersten Schritt machen? Die Männer könnten doch auch mal was tun!« Richtig, könnten sie. Aber können sie offensichtlich nicht! Frauen sind die Beziehungsarbeiterinnen; die Feuermelder, die merken, wenn etwas nicht stimmt.

Die meisten Männer sind doof. Ja, wirklich, das meine ich überhaupt nicht böse. Sie sind doof und merken gar nicht, dass etwas schiefläuft, geschweige denn was. Wenn sie tatsächlich irgendwann etwas ahnen, ziehen sie sich zurück. Sie ignorieren unangenehme Gefühle. Glotzen in den Fernseher, wie ihre Steinzeitvorfahren ins Lagerfeuer. Abwesend. Abwartend.

Sie vermeiden das klärende Gespräch, flüchten sich lieber in Aktivitäten. Kommen immer später nach Hause, um die vorwurfsvollen Blicke nicht mehr zu sehen. Aber fühlen sich unfähig, etwas zu verändern.

Das ist keine Entschuldigung. Aber eine Erklärung. Und Frauen? Frauen sind auch doof. Aber anders.

2. Schluss mit Duldsamkeit

Mein Mann, Diplom-Psychologe und Autor zahlreicher psychologischer Ratgeber, behauptet: »Solange der Sex stimmt, merken Männer nicht, dass in der Beziehung etwas nicht stimmt. Frauen müssen das wissen!« Häh?

»Da Frauen die Sozial- und Emotions-Managerinnen der Liebe sind, müssen sie wild und unerbittlich sein. Sie sollten viel deutlicher sagen: So nicht, mein Lieber!«

Es ist wirklich ungeheuerlich, was manche Frauen sich

in Partnerschaften alles gefallen lassen. Schauen Sie sich einmal um: Frauen lassen sich von ihrem Mann schlecht behandeln und gängeln, lassen sich alle häusliche Arbeit aufdrücken und räumen ihm nach. Während er selbstverständlich sein Computerzimmer hat, bleibt ihr die Küche, um mal allein zu sein. Sie hoffen auf Besserung, es wird schon. Sie finden Entschuldigungen für ihn: Na ja, bei der Schwiegermutter konnte er es ja nicht lernen. Und geben immer wieder nach, um des lieben Friedens willen.

Ich war einmal bei einer Bekannten zum Abendessen eingeladen, das gestaltete sich wie ein Kinofilm aus den Fünfzigerjahren. Der Gatte brummte »Salz«, und sie sprang auf, um ihm das Salz zu holen. Er röhrte »Bier«, und sie sprang auf, um aus dem Keller Bier zu holen. Ich saß fassungslos dabei. Ich kannte sie als tüchtige berufstätige Frau, die sich im Unternehmen gut durchsetzen konnte. Und zuhause mutierte sie zum Weibchen. Gut, jede muss wissen, was sie tut. Aber sie muss auch wissen, dass eine zu große Duldsamkeit sie unglücklich machen kann.

Man lernt nur von dem, den man liebt.

Johann Wolfgang von Goethe

Das bedeutet nicht, mehr rumzumeckern und zu nörgeln. Nein, es heißt, klare Botschaften zu vermitteln: »Wenn du willst, dass wir fröhlich und friedlich weiter zusammenleben, dann erwarte ich von dir …« Manchmal muss man dem Partner sogar klar signalisieren: »Ich weiß, ich könnte auch alleine leben.« Jede Partnerschaft braucht die Balance zwischen Autonomie und Zusammengehörigkeit. Wer zu stark klammert, macht sich emotional abhängig. Wer um Liebe bettelt, macht sich erpressbar.

Gerda, 51, hatte sich ihr Leben lang ihrem Mann angepasst. Seine Arbeitsbelastung und sein Ruhebedürfnis, er war Arzt, standen im Mittelpunkt. Sie sorgte für ein harmonisches Zuhause und nahm ihm die Kindererziehung ab. Als auch die Jüngste aus dem Haus war, traf sie die Stille wie ein Schlag. Als sie merkte, dass sie zum dritten Mal in einer Woche das Wohnzimmer umdekorierte, beschloss sie, sich jetzt mal um sich selbst zu kümmern. Sie ging versuchshalber mit einer Freundin zum Treffen einer Frauengruppe, die sie bisher mit Skepsis betrachtet hatte. Dort merkte sie: »Ich bin nicht allein mit meinem Überdruss!« Nach einigen Wochen buchte sie fünf Stunden Coaching bei der begleitenden Therapeutin und blätterte ihr Leben auf.

Als Erstes lernte Gerda, dass sie nie gelernt hatte, »Ich« zu sagen. Sie lebte im großen »Wir« oder noch viel mehr im überwältigenden »Was wollt Ihr?« Sie hatte mit 19 geheiratet, mit 21 ihr erstes Kind bekommen. Hatte ein schönes Familienleben, war stets beschäftigt, es allen recht zu machen. Nur selten war ein Unbehagen aufgestiegen, und sie hatte auch nie aufgemuckt. Da sie Streit hasste, hatte sie immer wieder schnell eingelenkt. In den Gesprächen merkte sie jetzt, wie unendlich allein sie sich fühlte, trotz Ehemann, Freundeskreis und Golfclub.

In der dritten Stunde schrieb Gerda eine Liste mit der Überschrift »Ich wünsche mir …«:
- eine sinnvolle Aufgabe
- mehr mit meinem Mann reden
- mehr Spaß in meinem Leben
- nicht immer funktionieren müssen
- mehr Zärtlichkeit
- weniger Langeweile
- Abenteuer.

Gerda war ziemlich aufgeregt, als sie abends ihrem Mann diese Liste zeigte. Er reagierte mit völligem Unverständnis: »Du hast doch, was du brauchst.« Sie spürte plötzlich eine große Ruhe in sich aufsteigen und sagte mit einer Stimme, die sie selber noch gar nicht kannte: »Wenn du auf diesem Weg, den ich gehen will, nicht auf meiner Seite bist, dann werde ich ihn allein gehen.« Ihr Mann war fassungslos. Erst schrie er etwas von Undankbarkeit, und er hätte schließlich auch Opfer gebracht. Und irgendwann kamen sie dann doch ins Gespräch.

Erkenntnis: Manchmal ist es besser, die Bombe zu zünden, als die Lunte immer wieder auszutreten. Ein schreiender Mann ist immer noch besser als ein schweigender. Ein aufgebrachter besser als ein abgeklärter. Darin ist Leben und eine Chance für die Liebe. Wenn es ihm »wurscht« wäre, könnte sie gleich den Umzugswagen bestellen. Deshalb: keine Angst vor dem großen Krach.

Was eine Liebe retten kann: rechtzeitig wieder in Kontakt kommen. Der Entschluss zur Trennung entsteht bei Frauen Jahre bevor sie dann tatsächlich vollzogen wird. Wenn Frauen noch irgendetwas an ihrer Liebe liegt, müssen sie sich selbst eingestehen: Nach diesem Trennungsentschluss hat ihr Partner keine Chance mehr, etwas zu retten, dann kann er machen, was er will. Deshalb sollten sie vor dem »Point of no Return« klare Signale geben: »Wenn du nicht auf mich eingehst, bedeutet das das Ende unserer Liebe«.

Von meiner Freundin Liz Howard, einer wunderbaren Sängerin und Stimmtrainerin, stammt der schöne Spruch: »Sag die Wahrheit mit Liebe«. In diesem Satz ist alles vereint, was wir brauchen: Sag sie. Die Wahrheit. Mit Liebe. Und gib damit dem anderen eine Chance, seinerseits sein Commitment zur Liebe zu beweisen. Und wenn das alles nichts hilft und der Partner zu müde, zu uninteressiert, zu stur, zu resigniert oder zu faul ist? Dann bleibt die Alternative aus meinem Vortragsbeispiel: Geben Sie ihm die Chance, jemanden zu finden, der ihn wirklich liebt. Und vor allem – geben Sie diese Chance sich selbst.

Die Denver-Regeln für Konfliktgespräche in Familien[15]

1 Es gibt absolute Rede-Freiheit

Wer etwas gegen ein anderes Familienmitglied hat, darf das auch sagen.

2 Es gibt auch absolute Schweige-Freiheit

Jedes Familienmitglied darf eine Diskussion verweigern oder jederzeit beenden. Voraussetzung: Ein Termin wird vereinbart, an dem weitergeredet werden kann.

3 Jeder hat das Recht auf eine Gesprächspause

Diese Idee stammt ursprünglich aus dem Sport. Wie beim Basketball darf jede »Mannschaft« während des Spiels eine Auszeit nehmen.

4 Probleme benennen statt lösen

Kritik vorzubringen ist für viele Menschen seelisch hoch belastend. Unter solch einem seelischen Stress ist niemand in der Lage, eine für beide Seiten vernünftige Lösung zu finden.

5 Nicht unterbrechen

Streit wird immer dann scharf, wenn Menschen zu schnell antworten, »weil sie ja sowieso schon wissen, was jetzt kommt«.

6 Akzeptieren statt verändern

Menschen kann man nicht ändern. Sie können sich höchstens selbst ändern. Dazu aber sind sie nur bereit, wenn sie spüren, dass sie akzeptiert werden, selbst wenn sie im Unrecht sind.

7 Negative Gefühle aussprechen

Die negativen Gefühle sind da. Wenn man sie nicht rauslässt, führen sie »im seelischen Untergrund« meist zu noch mehr Bösartigkeit.

8 Gefühlsausbrüche dürfen sein

Ein Gefühlsausbruch – auch ein ungerechter – kann die Voraussetzung schaffen, dass danach Frieden einkehrt, selbst wenn Sie einen anderen Menschen verletzt haben.

9 Nur über einen einzigen Streitpunkt reden

Wenn man sich einmal »in Rage« geredet hat, ist es verlockend, den »großen Aufwasch« zu machen. Das aber überfordert den Streitpartner. Also: Lieber ein kleiner Erfolg, der es dem anderen noch erlaubt, sein Gesicht zu wahren, als die »bedingungslose Kapitulation«.

10 Über die Zukunft reden und nicht über die Vergangenheit

Niemand kann geschehenes Unrecht ungeschehen machen. Aber: In der Zukunft kann jeder Mensch sich bessern.

3. Schluss mit Langeweile

Träumen Sie sich auch manchmal aus Ihrer Partnerschaft weg? Dass einer kommt, der Sie aus Ihrem Rapunzel-Turm oder hinter Ihrer Dornröschen-Hecke befreit? Meine Erfahrung: Warten Sie nicht auf den mutigen Ritter auf dem weißen Pferd. Der ist so furchtbar selten (oder suchen Sie ihn wenigstens aktiv!).

Sorgen Sie selbst für Abwechslung im Alltag! Tun Sie etwas, damit Ihr Leben nicht so furchtbar ausrechenbar ist. Werden Sie aktiv. Überraschen Sie Ihren Liebsten. Und sich selbst. Freuen Sie sich wie ein Kind an Ihren Ideen. Machen Sie Märchen wahr.

Miriam, 33, und Markus, 34, leben seit sieben Jahren zusammen und sind sich noch nie langweilig geworden. Beide haben große Freude daran, einander immer wieder mal zu überraschen. Mit einer Einladung in ein Konzert, mit einem Buch, das den anderen interessieren könnte, einer neuen Fahrradtour.

Auf einem Spaziergang schwärmt Markus Miriam von einem Konzert vor, das er als Student einmal in Berlin besucht hat: Gespielt wurde das Violinkonzert von Ludwig van Beethoven. »Das kannst du dir gar nicht vorstellen. Etwas Schöneres habe ich noch nie gehört. Das ist der Wahnsinn.«

Während Markus am späten Nachmittag im Garten Rasen mäht, setzt sich Miriam schnell an den Computer und sucht im Internet Music Shop das Violinkonzert von Beethoven und findet eine Aufnahme, gespielt von Anne-Sophie Mutter und den Berliner Philharmonikern unter Kurt Masur. Preis: Keine zehn Euro. Sie lädt das Konzert runter und brennt es auf eine CD. Das dauert eine knappe Viertelstunde.

Abends sitzen die beiden bei einem Glas Wein auf der Terrasse, es ist ein herrlicher Sommerabend. Miriam geht hinein und stellt den CD-Player an. Geigentöne strömen hinaus.

Markus stutzt, blickt auf, »Nee, ne?«. Auf seinem Gesicht erblüht ein Lächeln. Er lauscht ergriffen. »Danke, mein Herz«, flüstert er. Und er sieht sie mit einem Blick an, der ihr Innerstes schmelzen lässt.

So einfach ist es, Liebe zu zeigen, zu verschenken und im Übermaß zurückzubekommen. Das hat mehr mit Sein als mit Haben zu tun. Es geht nicht darum, materielle Wohltaten zu verteilen. Männern versuche ich immer wieder klarzumachen: »Ein selbst gepflücktes Veilchen berührt das Herz Ihrer Liebsten mehr als ein riesiger Blumenstrauß.« Aber auch Frauen möchte ich ermutigen: »Wartet nicht nur darauf, dass ihr etwas geschenkt bekommt. Beschenkt euren Liebsten mit der gleichen Aufmerksamkeit, die ihr euch wünscht.«

Worauf es ankommt: Dem anderen zu vermitteln – Du bist mir wichtig. Ich möchte, dass du glücklich bist. Ich bin bei dir. Ich möchte an deiner Freude teilhaben, hören, was du hörst, sehen, was du siehst, erleben, was du erlebst, und fühlen, was du fühlst. Liebe ist, ein ganz großes Ja zu signalisieren. Ja, ich will dich, ja ich verehre und ja, ich begehre dich.

Ganz viele Ideen, wie Sie Ihre Liebe zelebrieren können, finden Sie im nächsten Kapitel.

Paar-Check: Wo steht Ihre Partnerschaft?

Wo ordnen Sie sich derzeit auf der »Skala der gemeinsamen Lebensfreude« ein? Hier ein Kurztest:
Die Skala geht von minus 10 bis plus 10. Sie führt bei minus 10 in die Ehehölle und bei plus 10 in den Siebten Himmel.

AB IN DEN KELLER:

plus/minus Null
Ein ordentlich miteinander funktionierendes Paar mit Regelungen für alle geteilten Lebensgebiete.

minus 1
Das funktionierende Paar spürt »Sand im Getriebe«. Bisher ungewohntes Nörgeln (»typisch weiblich«) oder autoritäres Verhalten (»typisch männlich«) zeigt sich. Das Interesse am Leben des Partners nimmt ab.

minus 2

Differenzierung. Einige Lebensbereiche, die früher geteilt wurden, werden gegeneinander abgegrenzt – zum Beispiel Hobbys, Freizeitaktivitäten, aus denen der Partner ausgeschlossen wird. Eigene Lebensstile und spätere Lebensziele deuten sich an (»Wenn einer von uns beiden stirbt, zieh ich nach Spanien«).

minus 3

Vernachlässigungen der häuslichen Pflichten und evtl. auch der häuslichen Präsenz. Regelungen sind notwendig für Dinge, die sich bisher automatisch ergeben haben. Die Partner langweilen sich miteinander.

minus 4

Viel weniger Erotik und noch weniger Zärtlichkeit. Erste und für einen selbst überraschende Zeichen dessen, was einmal verbale Gewalt (Beschimpfungen, Beleidigungen, Bedrohungen) oder emotionale Gewalt (Verletzungen der Gefühle) werden kann, zeigen sich, sind aber noch beherrschbar.

minus 5

Kritik-Phase: Vorwürfe beziehen sich nicht mehr auf ein konkretes Verhalten (»Warum kommst du zu spät zu unserem Kinobesuch?«), sondern Kritik stellt den Partner als Menschen infrage, Beispiel: »Du verdammter Egoist«.

minus 6

Verachtung: Kritik wird hämisch und zynisch. Aus dem Zuspätkommen bei einem Kinobesuch wird eine umfassende Kränkung: »Kein Wunder, dass du bei Beförderungen immer zu spät dran bist. Du schaffst es ja nicht einmal, pünktlich ins Kino zu kommen«.

minus 7

Abwehr: Beide hören einander nicht mehr zu, sondern greifen nur noch Stichworte des anderen auf und attackieren dann. Motto: »Ich weiß ja alles, was du sagen willst«. Die Chance auf Einigung durch Gespräche geht verloren.

minus 8

Einmauern: Beide blocken total ab, sprechen selten oder gar nicht mehr miteinander. Motto: »Ich weiß ja, dass alles Reden nichts bringt.« Als Nächstes reden dann die Scheidungsanwälte für sie.

minus 9

Das Paar ist getrennt (Auszug oder innerhalb der Wohnung). Wo Gemeinsamkeiten notwendig sind (typisches Beispiel: die Kinder), gibt es Regeln, die mehr oder weniger befolgt werden.

minus 10

Verbrannte Erde. Das Paar ist getrennt und absolut unversöhnlich, ist nur noch über die Kinder oder über nicht verarbeitete Kränkungen miteinander verbunden.

UND NUN HINEIN IN DEN SIEBTEN HIMMEL:

plus 1

Es gibt nicht nur ein Miteinander-Funktionieren, sondern es gibt ein oder zwei gemeinsame Aktivitäten, die über den normalen Tageslauf hinausgehen und bei denen gemeinsame Freude entsteht (Beispiel: Zwei Hobbyköche verwöhnen sich gegenseitig).

plus 2

Neue gemeinsame Aktivitäten kommen hinzu – auch solche, die weniger einem selbst, wohl aber dem Partner Freude bringen, und die man deshalb fröhlich mitmacht (tanzen oder auf den Fußballplatz gehen).

plus 3

Positive Differenzierung: Interessen, die der Partner nicht teilt, werden beibehalten und gepflegt. Aber der Partner fühlt sich nicht ausgeschlossen, sondern profitiert von der Lebensfreude des anderen. Jeder kann dem anderen Freiräume lassen.

plus 4

Angleichen der Wünsche nach Nähe, Zärtlichkeit und sexueller Intimität. Beide freuen sich aufeinander und aneinander. Unterschiedliche Wünsche werden angenommen und befriedigt (»Komm, ich massiere dir die Füße«).

plus 5

Schwächen des anderen werden liebevoll übersehen, Stärken wahrgenommen und gefördert. Es herrscht großes Vertrauen: Der Partner entscheidet nichts gegen mich.

plus 6

Die Ehe/Partnerschaft ist eingebettet in einen Kreis von Menschen, der die Zweisamkeit bereichert und stabilisiert. Jeder hat eigene Freunde/Freundinnen, dazu kommt ein Kreis gemeinsamer Freunde und Familie.

plus 7

Übereinstimmung in den Sinnfragen des Lebens. Nur wenige wichtige Themen müssen wieder und wieder in Beziehungsgesprächen ausdiskutiert und als Kompromiss vereinbart werden. Es gibt weitgehend blindes Vertrauen.

plus 8

Beide Partner bewundern sich gegenseitig, sehen den anderen als guten, als moralisch wertvollen Menschen an, bewundern die Stärke seines Gewissens, seines Muts und seiner Ehrlichkeit.

plus 9

Es gibt ein »Ich«, ein »Du« und ein »Wir«. Die vielgepriesene »Selbstverwirklichung« wird als fad empfunden. Jeder Partner ist intensiv an der »Verwirklichung« des anderen interessiert. Und hilft ihm, gut dazustehen und groß rauszukommen.

plus 10

Das Stadium der »emotionalen Weisheit« ist erreicht. Das Paar hat mehrfach den Wechsel von Nähe zu Distanz, von »Gemeinsam sind wir stark« zu »Allein bin ich noch stärker« durchlebt und fühlt sich im Kopf, im Herzen und im restlichen Körper füreinander bestimmt. Alle Gemeinsamkeiten und alle Egoismen können ausgelebt werden, ohne das Ganze infrage zu stellen.

9 Ich darf Liebe zelebrieren

Im Jahr 2006 wurden laut Statistischem Bundesamt in Deutschland rund 200 000 Ehen geschieden. Gleichzeitig aber wurde fast 400 000-mal der Bund der Ehe geschlossen. Was wieder einmal zeigt: Hoffnung siegt über Verstand. Wunderbar.

Und was bedeutet das Zusammenleben mit einem geliebten Menschen? Geborgenheit! Dieses Wort sollten wir uns auf der Zunge zergehen lassen.

G   wie geliebt werden
E   wie einem vertrauen
B   wie bereit sein
O   wie ohne Angst leben
R   wie ruhig werden
G   wie glauben
E   wie erschauern vor Glück
N   wie nichts mehr wollen
H   wie heiter sein
E   wie ernsthaft reden
I   wie ihn gern ansehen
T   wie total entspannt sein

Geborgenheit – schmeckt wie Gelato, Eis mit Sahne, Vanilleduft und Karamel. Geborgenheit fühlt sich an wie ein kuscheliges Handtuch oder wie die warme Ofenbank aus Kindertagen. Geborgenheit ist seine Hand auf ihrem Rücken, und ihr Kopf an seiner Brust (oder umgekehrt). Geborgenheit ist das Vertrauen, so angenommen zu werden, wie wir sind, ohne Wenn und Aber. Geborgenheit lässt sich so buchstabieren:

In einer Welt, die nicht gerecht und nicht gut ist, in der täglich Schlimmes passiert, von dem wir via Fernsehen oder, wenn wir genau hinschauen, in unserer Nachbarschaft erfahren – in einer Welt also, die nicht perfekt ist, glimmt ein Flämmchen der Hoffnung, das wir Liebe nennen und das uns Geborgenheit gibt. Es verspricht nicht das perfekte Leben, nicht das perfekte Glück, aber es gibt uns die Verheißung, nicht allein zu sein in dieser Welt, ein Stück Vertrauen, eine liebevolle Gemeinschaft.

Karin, 37, und Sven, 39, sind seit 15 Jahren ein Paar. Sie sind beide in der Dritte-Welt-Arbeit engagiert, waren schon in vielen Ländern in Hilfsprojekten beschäftigt. Sie wissen, wie viel Leid es auf der Welt gibt. Und sie sind manchmal niedergeschlagen, weil sich so wenig ändert, und wenn, dann oft sogar zum Schlechteren. Karin: »Sven und ich geben uns gegenseitig Heimat in einer Welt, die immer unwirtlicher wird. Wir sind manchmal richtig pessimistisch, was die Zukunft angeht. Aber wir sind froh, dass wir zusammen sein werden, was immer auch geschieht. Das ist so ungemein tröstlich. Wir können zusammen lachen und weinen. Wir können diskutieren und wütend werden. Und gemeinsam aktiv sein. Das stärkt ungeheuer.«

Wie singt der Wiener Rainhard Fendrich in einem ans Herz gehenden Liebeslied: »Weil du bei mir bleibst, wenn der beste Freund sich schleicht«? Ja, das ist Geborgenheit.

WEUS'D A HERZ HAST WIA A BERGWERK
(Hochdeutsch: Weil du ein Herz hast wie ein Bergwerk)

Weus'd a Herz hast wia a Bergwerk,
weu du stolz bist wenn du wanst
und di trotzdem zuwe lahnst –
Wüll i di!
Weu ma warm wird wenn du lachst
und an Herbst zum Sommer machst –
Wüll i di!

Weu a biss'l Glück
für di no lang ned reicht.
Weus'd bei mir bleibst,
wenn da beste Freund si schleicht.

Weus'd a Herz hast wia a Bergwerk,
weus'd a Wahnsinn bist für mi –
Steh i auf di!

RAINHARD FENDRICH

Geborgenheit bedeutet, angenommen werden, wie ich bin. Keine Prüfung bestehen zu müssen, keinem Wettbewerb zu unterliegen, kein Wohlgefallen erringen zu müssen. In Liebe aufgenommen worden zu sein, ohne mein eigenes Zutun, einfach sein dürfen. Was für ein Himmelsgeschenk!

Das bedeutet nicht, völlig abgehoben auf der Wolke Geborgenheit durchs Universum zu schweben, sondern kleine Geborgenheits-Blitzlichter zu erleben – und zu arrangieren. Hier ein paar erlebte und erlebbare Beispiele:

Wann immer Erika, 49, an ihrem Mann Klaus, 61, vorbeigeht, berührt sie ihn zärtlich, egal, ob er irgendwo steht oder sitzt. Sie streift mit der Hand seinen Rücken oder Po, streicht ihm leicht über den Kopf, drückt sich kurz an ihn, nimmt seinen Kopf zärtlich in ihre Hände, küsst ihn auf die Stirn, legt ihre Hand kurz auf seine. Klaus macht Ähnliches bei ihr. Ohne ein Wort zu sagen. Und beide genießen diese Sekunden Innigkeit. Danach machen beide ihre Arbeit weiter. Lächelnd. Und das seit 27 Jahren!

Britta und Thomas sind beide 45 und freiberufliche Journalisten. Sie lieben es, sich an ihrem großen Esstisch gegenüberzusitzen und zu arbeiten. Jeder hat seinen Laptop vor sich und schreibt an seinem Bericht oder recherchiert im Internet. Ab und zu geht ein Blick hin und her, schauen sie hoch und lächeln sich an. Der eine betrachtet in Gedanken versunken den anderen. Und es ist wunderbar, mal eben eine Frage stellen zu können: »Du hör mal, geht das so?« Ab und zu schreiben sie sich Zettel und hängen sie an den hochgeklappten Deckel des Laptops. Wenn der andere mal wieder hochschaut, liest er: »Lust auf einen Kaffee?«, oder: »Reicht es für heute?«, oder einfach: »Ich hab dich lieb.«

Das, was wir aus Liebe tun,
tun wir im höchsten Grade freiwillig.
THOMAS VON AQUIN

Überhaupt ist dieser Tisch ihr Lebensmittelpunkt. Wenn einer von beiden daran zu tun hat, Wäsche zusammenlegt, die Steuererklärung macht oder ähnlich wichtige, aber lästige Dinge, dann lässt ihn der andere nicht allein, sondern setzt sich dazu und erledigt seinerseits Aufgaben: Thomas bastelt an seinem Handy herum, Britta schreibt den Brief an den Hausbesitzer. Sie näht eine Hose um, er liest ihr aus der Zeitung vor. Er sortiert seine Tankbelege, sie ordnet Fotos. Er bringt ihr ein Glas Wein, sie schneidet ihm einen Pfirsich. Er macht Tee für sie, sie bringt ihm seinen Lieblingspullover. Fürsorge nennt man dieses Sich-umeinander-Kümmern. Und genau das schafft Geborgenheit.

Gemeinsam etwas zu tun, statt faul vor der Glotze zu sitzen, während der andere arbeitet:
• macht Arbeiten weniger schwer
• macht Spaß
• fördert Gemeinschaft
• führt zum Reden

- diszipliniert
- schafft Vertrauen
- genießt Schweigen
- blendet tägliche Sorgen aus
- schafft Zweisamkeit
- schafft Innigkeit
- schärft die Sinne
- erneuert die Liebe.

Liebe braucht Zeit, um zelebriert zu werden. Zeit, die wir uns für den Liebsten freischaufeln. Auch wenn beide viel zu tun haben, auch wenn Kinder da sind, auch wenn sie in der Familie, in Vereinen, dem Elternbeirat oder im Freundeskreis engagiert sind.

Petra, 36, und Sebastian, 39, haben sich, als die Kinder größer wurden und sich selbst beschäftigen konnten, ein Sonntagmittag-Schläfchen angewöhnt. Nach Mittagessen und Küchenaufräumen legen sie sich für eine knappe Stunde hin. Diese Stunde ist ihnen heilig. Die erste halbe Stunde unterhalten sie sich flüsternd. Bräuchten sie nicht, die Kinder sind eh meistens in ihrem Zimmer, hören Musik oder sind mit Freunden zusammen, aber sie machen es trotzdem. Es gehört zum Spiel. Sie erzählen sich, was sie erlebt haben, was ihnen durch den Kopf geht, worüber sie sich diese Woche geärgert oder gefreut haben, halten sich im Arm und schlafen dann noch eine Runde. Eine Men-

Das Erfolgsrezept für glückliche Ehen

Eine soziologische Langzeitstudie des Deutschen Jugendinstitutes[16] hat 663 glücklich verheiratete Paare, die mindestens 27 Jahre lang zusammen waren, nach den Gründen ihrer erfolgreichen Ehe befragt. Hier die Reihenfolge:

1. **Toleranz** und **Akzeptanz** des Partners. Die »Andersartigkeit« des Partners verstehen und anerkennen – ihn nehmen, wie er ist

2. **Vertrauen, Offenheit** und **Ehrlichkeit** im gegenseitigen Umgang miteinander

3. **Liebe** und **Zuneigung**

4. Viele **gemeinsame Gespräche** und die Fähigkeit zur **konstruktiven Konfliktlösung**

5. **Gemeinsame Interessen,** Hobbys und Freunde

6. **Gemeinsam** durch »dick und dünn gehen«, sich mit dem Partner **solidarisieren** und sich gegenseitig unterstützen

7. Die **gemeinsame** lebenslange **Verantwortung** für Kinder und Enkel

8. Dem Partner **Freiräume** zugestehen, sich selbst Interessen suchen

9. **Treue**

10. **Finanzielle Verpflichtungen gemeinsam** regeln, gemeinsamer Besitz

11. **Übereinstimmende Werte** und Weltanschauungen

12. **Zärtlichkeit** und **zufriedenstellende sexuelle Beziehung**

Was wirklich interessant ist an dieser Liste, dass sie viel weniger nach Drama schreit, als uns Literatur, Filme und Zeitschriften weismachen wollen. Treue steht nur auf Platz 9, Finanzen nur auf 10 und Sex sogar nur auf Platz 12. Die Freundschaft steht im Mittelpunkt der glücklichen Ehe. Noch vor Liebe. Das zeigt, die Gemeinsamkeiten sind es, die eine Partnerschaft haltbar machen: Gespräche, Hobbys, Unterstützung und Verantwortung. Und deshalb bedeutet »wild und unersättlich« zu lieben, niemals aufzugeben, das Wir zu suchen, zu pflegen und zu leben. Das Glück zu genießen, bedeutet den Mut zu haben, den Alltag zu leben, so trivial er sich oft anhört.

ge Zeit, wenn man bedenkt, dass sich Ehepaare im Schnitt nur acht Minuten am Tag unterhalten.

Liebe braucht Zeit-Inseln. Auf die man sich im Strom des Alltags retten kann. Besonders wenn Kinder da sind, müssen Liebende darauf achten, dass sie nicht nur noch »Mama« und »Papa« sind. Sich nicht nur noch über Kindererziehung und Schulsorgen unterhalten, über »Wer bringt Anne morgen zum Geigenunterricht« und »Benni muss Mittwoch zum Kieferorthopäden«. Hallo, da war doch noch was? Da gab es doch dieses Sich-aufeinander-Freuen?

Freiwillige Abhängigkeit ist der schönste Zustand, und wie wäre der möglich ohne Liebe!
Johann Wolfgang von Goethe

Auch John Gottman, der amerikanische Eheforscher mit dem »Love Lab«, den ich schon in Kapitel 5 zitiert habe, sagt, dass Freundschaft die stabilste Grundlage zufriedener Beziehungen ist. Und Paare brauchen Zeit, um ihre Freundschaft zu pflegen. Freundschaften brauchen Rituale – der Dienstagabend beim Bowling oder das Wochenende beim Skifahren, die sonntäglichen Telefongespräche, der monatliche Stammtisch.

Was machen Freunde miteinander:
• Zeit miteinander verbringen
• Reden
• Spaß haben
• Hobbys teilen
• sich vertrauen
• sich aufeinander verlassen können
• sich füreinander interessieren

- trösten
- verreisen
- ermuntern
- ausgehen.

Max, 56, und Louise, 53, leben seit zwölf Jahren zusammen. Beide haben Kinder aus der ersten Ehe, die jetzt schon erwachsen sind. Max ist Fußballfan und hat viele Jahre lang jedes Spiel seiner Mannschaft gesehen. Louise tanzt für ihr Leben gern. Fußball und Tanzen, so meine Erfahrung, sind wie Feuer und Wasser. Und was haben die beiden geschafft: Alle zwei Wochen geht Louise mit Max auf den Fußballplatz. Sie interessiert sich jetzt nicht brennend. Aber sie tut es ihm zuliebe. Und findet die Stimmung inzwischen ganz aufregend. Max hat letztes Weihnachten Louise einen Tanzkurs geschenkt. Also eigentlich sich, weil er nicht richtig tanzen kann. Und weil er ihr eine Freude machen wollte. Er kann sich immer noch etwas Schöneres als Tanzen vorstellen, aber er schwingt sie mutig herum und freut sich an ihrem strahlenden Lächeln.

Liebe zelebrieren bedeutet, die Wünsche des Partners höher stellen als meine eigenen. Als Erstes zu schauen, wie mache ich ihn glücklich und dann, was macht mich glücklich. Es ist wie ein gutes Zwei-Personen-Stück im Theater, meint die Psychologin Judith Wallerstein: Jeder der beiden Schauspieler ist bemüht, den anderen groß rauszubringen und nicht, den anderen an die Wand zu spielen.

Ehe ist Freundschaft, die Feuer gefangen hat

<small>Unbekannt</small>

Harriet, 35, und Florian, 38, hatten sich über die Familiengründung und ihre Kinder fast verloren. Harriet, gelernte Floristin, blieb nach der Geburt der ersten Tochter zu Hause. Sie zogen in ein Reihenhaus in einem Dorf 25 Kilometer außerhalb von München. Anderthalb Jahre später kam die zweite Tochter. Florian arbeitete als Abteilungsleiter in einer Versicherung. Er verließ morgens um sechs das Haus und kam abends nie vor sieben zurück. Harriet regelte das gesamte Familienleben. Nach außen waren sie die klassische »glückliche Familie«. Sie stritten nie und nahmen aufeinander Rücksicht.

Und sie begannen, sich unendlich aneinander zu langweilen. Aber keiner der beiden traute sich, dieses Gefühl für sich anzuerkennen, geschweige denn es anzusprechen. Eigentlich war doch alles perfekt. Florian, treusorgender Vater, spielte abends, nachdem er zu Hause war, noch mit seinen beiden geliebten Töchtern. Wenn die im Bett waren, zog er sich an den Computer zurück, um noch zu arbeiten.

Harriet versuchte anfangs noch, ihn zum Reden zu bringen. »Ich habe schön für uns gekocht, habe eine gute Flasche Wein aufgemacht, Musik aufgelegt und das Licht gedimmt. Er wollte nur seine Ruhe, um noch irgendwelche wahnsinnig wichtigen Sachen fürs Geschäft zu erledigen. Später im Bett habe ich dann zugemacht. Wenn er mit mir schlafen wollte, stellte ich mich müde. Ich hatte einfach keine Lust mehr auf ihn.« Florian fragte nie nach. Er akzeptierte schweigend.

Der Schweizer Psychotherapeut Peter Schellenbaum beschreibt in seinem Buch *Aggression unter Liebenden* das »chronisch glückliche Paar«. Nach außen ein zuckersüßer Traum, nach innen eine geschäftliche Kooperation »Tust du mir nichts, tu ich dir nichts.« Schellenbaum: »Die Tragik des glücklichen Paares besteht darin, dass dem Teufel, diesem ›Neinsager von Anbeginn‹, kein Wohnrecht und kein Platz am Herd zugebilligt wird. Daher ist nirgends der Teufel teuflischer als im glücklichen Paar. Wenn Streit, Kritik, Aggression als unpassend aus dem Leben eines Paares verbannt werden, wachsen die negativen Gefühle heimlich in jedem Partner an. Erst ihre Verheimlichung macht sie richtig böse und destruktiv.«

Nach sieben Jahren Ehe verguckte sich Harriet in den Musiklehrer der größeren Tochter. Zu Beginn traf sie sich manchmal auf einen Kaffee mit ihm. Sie begann, Florian anzulügen, um den jungen Mann auch abends zu treffen. Schließlich schlief sie mit ihm. Am nächsten Morgen, einem Samstag, erzählte sie es ihrem Mann. Eine Welt brach für Florian zusammen. Das hätte er nie von ihr gedacht. Er nannte sie eine »undankbare Vorstadttussi« und eine »frustrierte Emanze«. Wo er doch alles, aber wirklich alles, für die Familie tue. Harriet reagierte scharf: »Das reicht mir aber nicht!«

Über ihre Auseinandersetzung sind beide immer noch schockiert, Harriet warf ihrem Mann die größten Gemeinheiten, bösesten Anschuldigungen und ätzendsten Vorwürfe an den Kopf. Florian: »So habe ich Harriet noch nie erlebt, sie hat mich als karrieregeiles Arschloch und hirnlosen Volldepp bezeichnet, als einen Wichser, der dem Chef in den Hintern kriecht, und als primitiver Sesselfurzer. Sie war wie eine Furie.«

Harriet: »Ich habe mich richtig ausgekotzt. Die ganze Enttäuschung der letzten Jahre. Stellen Sie sich vor, ich sag ihm, dass ich mit einem anderen Mann geschlafen habe, und er fängt an zu lamentieren, dass er sich doch für die Familie aufarbeitet. In mir war so eine Wut. Am liebsten hätte ich ihn geschlagen. Aber das habe ich mich dann doch nicht getraut.«

Viele Paare stellen eines Tages überrascht fest, dass sie in zwei verschiedenen Welten leben, jedenfalls was ihre Erwartungen an die Ehe betrifft. Tatsächlich: Sie leben nicht in derselben Ehe, obwohl sie miteinander verheiratet sind. Jeder glaubt vom anderen, der wäre ja glücklich. Nur man selbst bekomme nicht, was man sich wünsche. In diesem kleinen Test können Sie übrigens selbst sehr schnell herausfinden, ob Sie und Ihr Partner das Gleiche von Ihrer Beziehung erwarten. In jedem Fall ist es eine prima Möglichkeit, über die eigenen Erwartungen ins Gespräch zu kommen.

Harriet und Florian sind durch bittere Monate gegangen, bis sie sich wieder vertrauen konnten. Mithilfe eines Paartherapeuten haben sie gelernt, miteinander zu streiten, den

»Teufel« rauszulassen. Sie lernten, dass man schreien und fluchen und ungerecht sein darf und, ach, einfach unmöglich. Alles besser als seine Schattenseite zu unterdrücken und den »Lieben« zu spielen. Sie haben gelernt, aus ihrem Herzen keine Mördergrube mehr zu machen. Sich auch mit ihren weniger smarten Seiten zu zeigen und zu akzeptieren.

Auf Anregung des Therapeuten haben sie sich auch angewöhnt, ein »Wunschbuch« zu führen. Beide notieren Wünsche, die ihnen über die Woche einfallen, und Freitagabend treffen sie sich, wenn die Kinder im Bett sind, zur »Happy Hour« und lesen sich gegenseitig die Eintragungen vor. So haben sie gelernt, über ihre eigenen Sehnsüchte zu sprechen, den anderen besser kennenzulernen und seine Wünsche zu erfüllen. Denn reden allein hilft nichts. Man kann die Liebe auch systematisch totreden. Aber schließlich heißt dieses Buch »Liebe wild und unersättlich«, nicht »Rede wild und unermüdlich«. Die Wünsche in die Wirklichkeit umzusetzen, das ist die Herausforderung. Harriet und Florian sind dabei. Sie schaffen Freiräume und Gemeinsamkeit, Autonomie und Sicherheit.

Was sie in den letzten Monaten verändert haben:

Florian kommt zweimal die Woche eher nach Hause.

Sie treffen sich alle vierzehn Tage mit einigen Freunden zum Kegeln.

Harriet arbeitet stundenweise in der Gärtnerei am Ort. Sie genießt es, wieder mehr mit Erwachsenen zu tun zu haben.

Florian versucht, die Abende und Wochenenden möglichst frei von Arbeit zu halten. An einem Abend der Woche hat er »Karrierezeit«, darf so lange am Computer sitzen, wie er will.

An diesem Abend trifft sich Harriet mit Freundinnen zum Walken und hinterher zum Ratschen (aber nicht mehr mit dem Musiklehrer).

Ab und zu bringen sie die Töchter bei den Großeltern unter und sind ein Wochenende ganz allein zu Hause oder fahren weg.

Harriet wünscht sich, mehr gestreichelt zu werden und kann Florian darum bitten, wenn sie zusammen sind.

Florian wünscht sich mehr Sex, und Harriet nimmt ihn großzügig auf, wenn er »anklopft«.

Auf den ersten Blick sieht das nach einem Kompromiss aus, nach sehr viel Kopfarbeit. Der Schweizer Paartherapeut Bruno Lechmann findet das völlig in Ordnung: »Verhandlungen sind der Normalzustand, das Merkmal einer guten Partnerschaft. Menschen, die sich ebenbürtig sind, verhandeln – sie versuchen nicht, sich ihre gegenseitigen Meinungen und Werte aufzuzwingen.«

Welche Erwartungen wir an unseren Partner, unsere Partnerin haben, hat der argentinische Schriftsteller Jorge Bucay, wie ich finde, sehr schön zusammengestellt in seinem Gedicht *Ich will …*

Erwarten beide Partner Ähnliches von ihrer Ehe?

Um diese Frage zu beantworten, hat ein Psychologen-Team der University of Canterbury[17] (Neuseeland) einen kleinen Test entwickelt. Sie können ihn rasch nachvollziehen: Kreuzen Sie auf der folgenden Liste alle Aussagen an, die Sie spontan und ohne nachzudenken für Ihre Partnerschaft wichtig finden. Kreuzen Sie bitte genau 10 Worte an (wenn Sie zu wenig haben, machen Sie zusätzliche Kreuze, wenn Sie zu viele Aussagen angekreuzt haben, streichen Sie welche weg):

Flirt:
Immer wie auf Wolken schweben

- ❑ Jeden Tag lachen
- ❑ Sehnsucht haben
- ❑ Geheimnisvoll bleiben
- ❑ Mit dem eigenen Partner/der Partnerin flirten

Kameradschaft:
Freundschaft wichtiger als Sex nehmen

- ❑ Den Partner/die Partnerin total kennen
- ❑ Immer offen und ehrlich sein
- ❑ Alle Pflichten genau teilen
- ❑ Gerecht und fair sein

Materieller Zugewinn:
Sparen
❑ Anschaffungen machen
❑ Gut fürs Alter vorsorgen
❑ Für höhere Ziele auch mal auf etwas verzichten
❑ Luxus genießen

Gesunde Eifersucht:
Immer als Paar auftreten
❑ Aufpassen, wenn jemand mit dem Partner/der Partnerin flirtet
❑ Immer wissen, was der Partner/die Partnerin macht
❑ Auf Gefühlsänderungen beim Partner/bei der Partnerin achten
❑ Fremdgehen verbieten

Lieben, auch wenn nicht viel zurückkommt:
Sich in das Leben des Partners/der Partnerin
komplett einfügen
❑ Den Partner/die Partnerin auf Händen tragen
❑ Ihm/ihr unangenehme Dinge abnehmen
❑ Mehr Einsatz zeigen als der Partner/die Partnerin
❑ Nichts für sich selbst fordern

Erotik:

Miteinander schlafen

- ❑ Intime Spiele machen
- ❑ Im Bett Neues wagen
- ❑ Sexy sein
- ❑ Den Körper des Partners/der Partnerin bewundern

Bringen Sie jetzt bitte die 6 Themenblöcke (»Flirt«, »Kameradschaft« etc.) in eine Reihenfolge. Oben steht der Block, der die meisten Kreuze enthält. Streichen Sie alle Themenblöcke, bei denen Sie kein Kreuz oder nur ein Kreuz gemacht haben.

Vermutlich bleiben jetzt nur noch zwei oder drei Themen übrig: das sind die, die Ihnen in der Partnerschaft am wichtigsten sind. Lassen Sie jetzt dasselbe Ihren Partner machen.

Viele Paare, die diesen Test gemacht haben,

a) **sind völlig überrascht** darüber, dass ihnen ganz offensichtlich andere Dinge in der Partnerschaft wichtiger sind als dem Partner/der Partnerin und

b) **sind erleichtert,** denn dieser simple Test gibt ihnen eine Erklärung für ganz viele kleine Streitereien, die sie im Zusammenleben gehabt haben

c) **sind in der Lage,** sich auf die Prioritäten des anderen einzustellen.

ICH WILL ...

Ich will, dass du mir zuhörst,
ohne über mich zu urteilen.
Ich will, dass du mir deine Meinung sagst,
ohne mir Ratschläge zu erteilen.
Ich will, dass du mir vertraust,
ohne etwas zu erwarten.
Ich will, dass du mir hilfst,
ohne für mich zu entscheiden.
Ich will, dass du für mich sorgst,
ohne mich zu erdrücken.
Ich will, dass du mich siehst, ohne dich in mir zu sehen.
Ich will, dass du mich umarmst,
ohne mir den Atem zu rauben.
Ich will, dass du mir Mut machst,
ohne mich zu bedrängen.
Ich will, dass du mich hältst,
ohne mich festzuhalten.
Ich will, dass du mich beschützt, aufrichtig.
Ich will, dass du dich näherst,
aber nicht als Eindringling.
Ich will, dass du all das kennst, was dir an mir missfällt,
dass du es akzeptierst, versuch es nicht zu ändern.
Ich will, dass du weißt, dass du heute auf mich zählen
kannst – bedingungslos.

JORGE BUCAY, ARGENTINISCHER PSYCHIATER, GESTALTTHERAPEUT UND SCHRIFTSTELLER

209

Hohe Erwartungen, die vor allem eins brauchen: Zeit ...

Liebe braucht Zeit. Was wir dafür tun können, ist, wenigstens teilweise die Zeit zu entschleunigen, ja, ent-schleu-ni-gen. Langsamer, behutsamer, achtsamer mit uns umgehen. Wir leben in ICE-Zeiten: Die Tage rasen an uns vorbei, die Wochen verfliegen, ein Jahr ist vorüber, und wir fragen uns: Wo ist die Zeit für unsere Liebe geblieben? Menschen werden sich fremd in diesem Rausch der Geschwindigkeit. Kein Wunder, dass da der eine oder andere auf der Strecke bleibt. (Eine feuchtfröhliche Geschichte über eine Liebe mit Anfangsschwierigkeiten können Sie in der Liebesgeschichte Nr. 7 am Ende dieses Kapitels lesen.)

Entschleunigen heißt aber auch, sich ganz aktiv Zeit für die Liebe zu reservieren, Stunden freizuräumen, der Liebe die höchste Priorität zu geben. Den täglichen Tagesablauf abzuchecken, die Gewohnheiten zu überprüfen, die »Glotze« in die Schranken zu weisen. Gemeinsam herauszufinden, wo Möglichkeiten sind, Liebeszeiten einzuplanen. Denn Geborgenheit kann nur entstehen, wo Liebe im Alltag lebbar wird. Die Beteuerung »Ich liebe dich« reicht nicht, wir brauchen auch die Gelegenheit, es zu beweisen und es den anderen spüren zu lassen.

So wie jeder Partner Zeit für sich selbst braucht. Ich nenne dies »Ego-Zeit«, einige Stunden für sich, für seine Vorlieben, fürs Nichtstun, genauso braucht es »Wir-Zeit«.

Das kann das gemeinsame Arbeiten im Garten sein wie das Kuscheln auf dem Sofa, das Ausgehen wie das Spazierengehen. Zeit zum Schweigen und zum Reden, Seelenstreicheln und Frisch-von-der-Leber-weg-Erzählen.

Eine gewagte, aber sehr empfehlenswerte Möglichkeit ist das »Wer-bin-ich-wer-bist-Du?«-Frage-Spiel. Sie und Ihr Partner nutzen gemeinsame Zeit, um sich besser kennenzulernen, indem Sie sich gegenseitig Fragen stellen, unverfängliche und intime, lustige und ernste. Hier ein paar kleine Anregungen für den Partnerplausch:

- Was waren als Kind deine schönsten Ferien?
- Wann und wen hast du das erste Mal geküsst?
- Wo bist du am empfindlichsten?
- Wann hattest du deinen ersten Rausch?
- Wann hast du dir als Kind mal richtig weh getan?
- Hast du manchmal Blähungen?
- Wo magst du am liebsten gestreichelt werden?
- Welchen Menschen würdest du gern kennenlernen und warum?
- Hast du schon mal von Sex mit jemand anderem geträumt?
- Welche Körperteile magst du an dir am liebsten?
- Welchen am wenigsten?
- Hast du schon mal Angst gehabt, deine Arbeit zu verlieren?
- Wo bist du wie dein Vater/deine Mutter?

- Was macht dich wütend?
- Hast du manchmal Angst?
- Wann hast du dich das letzte Mal über mich geärgert?
- Was würdest du mit drei Millionen Euro tun?

Wir glauben oft, unseren Liebsten in- und auswendig zu kennen. Aber erstens wäre das langweilig, und zweitens können spannende Geschichten dabei herauskommen. Mehr Fragen für den Partnerplausch finden Sie übrigens auf der Homepage www.liebe-wild-und-unersaettlich.de.

Die sieben Botschaften für die Liebe erfahren Sie im nächsten und letzten Kapitel.

Liebesgeschichte 7:

Feuchtfröhliche Begegnung

von Gabi, 21, und Patrick, 25 (getrennt voneinander aus der Erinnerung aufgeschrieben)

Gabi: Eigentlich war Sonntag immer mein freier Tag, doch an diesem strahlenden Sonntag musste ich noch auf eine Pflichtveranstaltung gehen. Ein Arbeitskollege aus unserem Catering feierte seinen Geburtstag an der Isar. Gegen sieben machte ich mich mit meinem Auto und einer Kiste Bier auf den Weg.

Patrick: An einem wunderschönen Sonntag im Juni lädt unser Eventmanager zu seiner Geburtstagsfeier an die Isar. Es soll gegrillt werden und natürlich auch getrunken. Ich erwarte eine rauschende Feier mit einer Masse Menschen. Eine Stunde vor Partybeginn treffe ich mich mit meinen Jungs aus der Küche noch schnell auf ein Bier im Hotel. Man soll ja nie unvorbereitet auf eine Feier gehen. Das Bier schießt in den Kopf, und wir machen uns auf unseren Fahrrädern auf den Weg.

Gabi: Ich dachte mir schon, dass es entweder eine langweilige Party würde oder ein totales Besäufnis. Es wurde das zweite. Ich teilte mir den ganzen Abend mit meinem Azubi-Kollegen Patrick einen halbwegs bequemen Stein. Dadurch saßen wir den ganzen Abend eng beieinander. Wir unterhielten uns und tranken ein Bier nach dem anderen.

Patrick: An der Isar angekommen kommt die Ernüchterung. Der Kollege ist zwar am verabredeten Platz, aber außer ihm sind nur fünf Freunde von ihm gekommen. Also, Party ist nicht angesagt. Immerhin haben diese sechs es geschafft, 10 Kisten Bier in der Isar zu kühlen. Musik »dröhnt« aus einer CD-Kompaktanlage. Nach und nach treffen dann noch mehr Gäste ein, unter anderem zu meiner Überraschung zwei Arbeitskolleginnen von mir, Azubis wie ich. Mit der einen, Gabi, teile ich mir einen bequemen Stein als Sitzgelegenheit, und wir kommen schnell ins Gespräch. Ich bin froh, eine Verbündete unter den vielen langweiligen Menschen zu haben.

Gabi: So um eins war die Party auf einmal vorbei. Alle waren urplötzlich weg, auch Patrick. Schade. Ich lief mit Thomas, einem Arbeitskollegen, Richtung Stadtmitte. Und wen sahen wir da, auf dem Fahrrad, Schlangenlinien fahrend? Patrick!

Ich freute mich so, ihn wiederzusehen. Wir drei gingen noch mal zurück an die Isar und tranken noch zwei Bier. Ich merkte schon, dass es mir nicht mehr so gut ging, aber ich wollte mit den Jungs mithalten. Es fing an zu regnen, und völlig betrunken machten wir uns dann auf den Heimweg. Thomas nahm ein Taxi, und ich fragte lallend: »Und wo schlafe ich heute Nacht?« Und Patrick sagte wie selbstverständlich »Na, bei mir natürlich.«

Patrick: Ich nehme Gabi, mit der ich ja schon ein halbes Jahr zusammengearbeitet habe, an diesem Abend erstmals als Frau wahr. Ich fühle mich sehr wohl neben ihr. Irgendwann ist sie so betrunken, dass sie sentimental wird. Tränen laufen ihr die süßen Bäckchen hinunter. Ich nehme sie ganz selbstverständlich in den Arm und tröste sie. Die Welt ist nicht mehr ganz so dunkel, und wir öffnen das nächste Bier. Gegen zwei Uhr morgens löst sich die Party auf, und ich helfe meinem Kollegen mit dem Aufräumen und Wegfahren der Bierkästen. Wir wollen noch in eine Kneipe und weiterfeiern, als ich merke, dass ich mein Fahrrad vergessen habe. Ich laufe also zurück und hole es, und wen sehe ich plötzlich torkelnd auf der anderen Straßenseite? Gabi und einen Kollegen. Wir haben uns gefreut, uns wiederzusehen und beschließen, uns noch ein Bier am Kiosk zu holen und weiter zu philosophieren. Als es anfängt zu regnen, brechen wir auf. Gabi steht vor der Entscheidung, zu Thomas oder zu mir. Mir ist klar, Gabi schläft heute bei mir. Und sie lässt sich überzeugen: »Ist nicht weit.« Ich setze sie aufs Fahrrad und schiebe sie schwankend nach Hause.

Gabi: Wir haben ungefähr zehn Minuten zu ihm nach Hause gebraucht, oder mehr? Leider fehlt mir von diesem Zeitpunkt an ein langes Stück Film. Ich weiß nur, dass ich das, was ich gemacht habe, nicht gemacht hätte, wenn ich nicht so betrunken gewesen wäre.

Patrick: Jetzt kommt eine ominöse Gedächtnislücke, die anhält, bis ich, über sie gebeugt, zu mir komme und anfange zu lachen. »Das können wir doch nicht machen, wir sind doch Arbeitskollegen«, sage ich zu ihr. Ich rolle mich von ihr runter und schlafe sofort ein.

Gabi: Der nächste Morgen war grausam. Mein liebevoll gemeintes »Guten Morgen« war ein Grölen ins Badezimmer, wo Patrick gerade duschte. Ich lief um die Ecke zu einem Schnellimbiss und holte mir eine XXXL-Cola gegen den furchtbaren Nachdurst. Patrick brachte ich zwei Hamburger mit.

Patrick: Am nächsten Morgen mache ich mich, immer noch völlig betrunken, fertig für den Zahnarzt, bei dem ich um 9 Uhr einen Termin habe. Gabi sieht ziemlich mitgenommen aus und holt sich eine Cola gegen den Brand. Sie ist süß und bringt mir zwei Hamburger mit. Ich dusche, schwitze reinen Alkohol aus und verschwinde, nicht ohne ihr vorher einen liebevollen Klaps auf den Po zu geben, zum Arzt. Auf dem Behandlungsstuhl träume ich wilde Tagträume und zucke jedes Mal zusammen, wenn ich wieder tiefer einschlafe.

Gabi: Als Patrick fertig war, haute er mir auf den Hintern – »Warte auf mich!« – und war dann weg. Mir war alles furchtbar peinlich, und ich verschwand, so schnell es mein Körper zuließ. Ich hinterließ ihm noch eine nette Nachricht auf einer Serviette und fuhr nach Hause. Na ja, das Resultat, ich war schrecklich verliebt, aber es brauchte noch ein halbes Jahr, bis wir endlich zusammenkamen. Jetzt bin ich ein Jahr lang glücklich mit meinem »Saufkumpan« liiert. Und in vier Wochen ziehen wir in die gemeinsame Wohnung.

Patrick: Mit einem widerlichen Kater und einer schmerzenden Backe komme ich zwei Stunden später nach Hause und finde eine Serviette, von Gabi beschrieben. Sie bedankt sich für die Übernachtung und dass ich okay sei. Es hat noch lange gedauert, bis ich gemerkt habe, dass wir längst mehr als Arbeitskollegen sind. Ich hätte nie gedacht, dass Gabi mich wirklich haben wollte. Aber sie wollte. Was für ein Glück. Vor drei Monaten haben wir uns verlobt. Und ich will sie – für immer.

10 Ich darf auf Liebe bauen

Ob Sie Single sind, glücklich oder unglücklich verliebt, euphorisch oder gelangweilt in einer Partnerschaft, enttäuscht oder sauer auf die blöde Liebe, jede Frau, die dieses Buch gelesen hat, weiß in der Tiefe ihres Herzens: Ja, ich möchte lieben und geliebt werden. Eine urmenschliche Sehnsucht, die unsere Hoffnung am Leben hält. Ich habe dieses Buch geschrieben, weil ich diese Hoffnung unterstützen möchte. Und deshalb gibt es zum Abschluss sieben Liebesbotschaften, die ich mit Ihnen teilen möchte. Aus meiner eigenen Erfahrung und aus der von Liebesexperten und anderen Liebeslaien.

1. Liebesbotschaft:
Glaubt an die Liebe!

Glaubt nicht an den alten Witz, dass eine intelligente Frau über 30 mehr Chancen hätte, von einem Blumentopf erschlagen zu werden als noch einen Mann zu finden. Es stimmt nicht!!! Gerade habe ich die Geschichte einer 82-Jährigen gehört. Ihr Name ist Greta, sie wohnt in einer

Seniorenresidenz. Auf dem 80. Geburtstag einer Freundin hat sie deren 65-jährigen Neffen kennengelernt. Sie haben sich prima unterhalten, sogar zusammen das Tanzbein geschwungen. Als sie nach Hause gehen wollte, hat er sie frei nach Goethes »Faust« gefragt: »Schönes Fräulein, darf ich's wagen, meinen Arm und Geleit Euch anzutragen?« Sie hat gekichert wie ein Schulmädchen und stilgerecht geantwortet: »Bin weder Fräulein weder schön, kann ungeleit nach Hause geh'n.« Sie hat sich aber doch von ihm begleiten lassen. Vor der Haustür haben sie sich für den nächsten Tag verabredet. Sie sind spazieren gegangen und ins Café, es war schön. Dann haben sie sich öfter getroffen. Sie haben sich verliebt. Und treffen sich jetzt seit über zwei Jahren jeden Tag. Jeder hat seine eigene Wohnung. »Nee, das bleibt so«, sagt sie selbstbewusst. Aber sie lieben sich – und man sieht es ihren strahlenden Gesichtern an.

Ich sehe schon Ihr Gesicht, die Nase nach oben gezogen, die Stirn in Falten gelegt, die Augen verdreht, und Sie rechnen, wie viele Jahre noch bis 82? Nein, das heißt nicht, dass Sie bis 82 warten müssen. Nein, es kann jederzeit geschehen. Sie denken an nichts Böses, gehen aus der Tür und stoßen auf ihn. Ihn. Ihhhhhn. Ja, endlich kapiert, ihn! Also Augen auf.

2. Liebesbotschaft:
Gebt nicht vorschnell auf!

Wenn Sie jemanden haben, den Sie lieben (geliebt haben, geglaubt haben zu lieben, hoffen, noch zu lieben, oder was auch immer): Geben Sie nicht zu schnell auf, wenn Schwierigkeiten auftauchen. Erinnern Sie sich doch mal an die erste Zeit des Kennenlernens. Was hat Ihnen an ihm gefallen? Wie hat er Ihr Herz erobert? Und gerade ist es so, als wenn Sie neben einem Fremden aufwachen?

Eheforscher berichten von dem Gerangel in einer Beziehung zwischen Nähe und Distanz. Erst möchte man dem anderen gar nicht mehr von der Pelle weichen. Händchen halten, kuscheln, auf dem Schoß sitzen, die beiden Frischverliebten gibt es nur noch im Doppelpack. Nach einem Jahr spätestens kommt die Gegenbewegung: Autonomie. Ich brauche meine Freiheit! Leider meistens nicht bei beiden Verliebten gleichzeitig, sondern bei ihm oder ihr. »Schatz, ich möchte mit den Jungs ein paar Tage auf eine Hütte fahren«. Kreisch. »Liebster, ich brauche mal ein paar Tage für mich.« Grummel. »Muss ich wirklich zum Geburtstag deines Großonkels mitkommen?« Heul. Das Ergebnis: Verwirrung, Verzweiflung, Verlassenheitsängste. Er/sie liebt mich nicht mehr. Es ist alles vorbei. – Nein, Blödsinn! Das gehört zu einer gescheiten Beziehung dazu und muss nicht zu einer gescheiterten führen.

Man findet sich wieder und findet sich wieder süß, es

wird alles verziehen, die Kuschelstunden auf dem Sofa wieder aufgenommen. Und etwa ein Jahr später geht der ganze Tanz von vorne los. »Ich brauche mehr Abstand.« Erste Mördergedanken. »Das wird mir alles zu eng.« Ich bring dich um. Oder mich. Oder uns beide.

Und so geht das, so die Experten, etwa siebenmal über die Jahre. Klammern – Abstand – Klammern – Abstand – Klammern – Abstand – Klammern – Abstand – Klammern – Abstand – Klammern – Abstand – Klammern – Abstand. So, jetzt haben Sie es geschafft. Wenn Sie nicht beim sechsten Mal den Bettel hingeworfen haben. Aber das wäre schade. Sie waren so kurz davor!

Es ist hilfreich, sich klarzumachen, wie viel Autonomie wir aufgeben, wenn wir uns auf einen Menschen einlassen, darauf, wie er riecht, wie er schmeckt, was er gern isst oder trinkt, wie er schnarcht, was für Meinungen er vertritt, ob er sich täglich oder nur einmal die Woche rasiert, nur den Klodeckel oder auch die Brille offen stehen lässt, ob er lieber joggt oder hockt, Bücher liest oder Buddelschiffe baut. Wir verbringen unsere Zeit mit ihm, richten uns auf ihn aus, nehmen Rücksicht, verstehen, verzeihen. Eine Mordsarbeit. Hochachtung vor jeder Frau, die diese Herausforderung bewältigt.

Und das gilt natürlich genau andersherum: Auch der Mann, der sich auf uns einlässt, braucht starke Nerven: Wir blockieren das Bad und möchten die Salatsoße auf einem extra Teller, wir schimpfen über seinen Fernsehkonsum

220

und verpassen niemals unsere eigene Lieblingssendung. Wir verstehen uns mit seinen Fußballkumpels besser als er. Wir wissen immer, was wir wollen, und manchmal überhaupt nichts. Wir wollen verstanden werden und nehmen übel. Wir schieben seine Sachen zusammen, damit wir im Kleiderschrank mehr Platz haben. Wir sind über Bemerkungen von ihm sauer, aber teilen mit spitzer Zunge gerne aus. Wir spielen die Grande Dame und wollen im nächsten Moment gehalten werden wie ein kleines Mädchen. Frauen sind verwirrend! Hochachtung vor jedem Mann, der uns aushalten kann (und nicht nach dem sechsten Mal Klammern das Weite sucht).

3. Liebesbotschaft:
Nehmt Euch Zeit für die Liebe!

»Es ist kein Ziel, der reichste Mensch auf dem Friedhof zu werden«, hat Sir Peter Ustinov einmal gesagt. Und ich füge hinzu: »Es ist kein Ziel, die Mitarbeiterin des Monats zu werden.« Nichts gegen Ehrgeiz und Spaß an der Arbeit, nichts gegen Aufstieg und Erfolg. Aber glauben Sie einer alten Frau (hihi), es gibt ein Leben vor dem Tod.

Wir schuften, bis der Arzt kommt. Klingt witzig, ist es leider überhaupt nicht. Ausgebranntsein und Erschöpfung fangen schon bei 30-Jährigen an. Ich weiß selbst, wie verführerisch eine Arbeit ist, die uns nicht nur Anerkennung bringt, sondern auch noch Spaß macht. Und es ist leichter, abends zu Hause anzurufen: »Liebling, es wird wieder etwas später«, als dem Chef/der Chefin zu sagen: »Es wird zu viel. Ich brauche Zeit zum Leben.« Das gilt für Männer wie für Frauen. Sie müssen achtsam bleiben. Denn vielleicht hat Liebling nach drei Jahren keine Lust mehr, immer und immer wieder auf den anderen Liebling zu warten, und zieht es vor, doch gleich mit dem Menschen zusammenzuleben, den er oder sie öfter als ihn oder sie sieht: Wahlweise a) die Musiklehrerin der Kinder, b) den Zivi der Schwiegermutter.

»Vergesst die Liebe nicht!«, pflege ich Managern am Ende von Seminaren oder Vorträgen zuzurufen. Und sie sehen mich mit großen Kinderaugen an. »Vergesst die Liebe nicht!«, möchte ich allen Menschen zurufen, die sich hohe Ziele gesetzt haben: ein Häuschen gebaut, an der Karriere gebastelt, Kinder in die Welt gesetzt, Rücklagen gebildet, wichtig gewesen, überall mitgemischt. Und dabei den Menschen vergessen, der überhaupt der Grund war, warum wir uns anfangs so ins Zeug gelegt haben.

Nehmt Euch Zeit, Liebe zu zelebrieren, Liebe entstehen und wachsen zu lassen, nehmt Euch Zeit, zu streiten und sauer aufeinander zu sein. Und nehmt Euch Zeit, Euch zu versöhnen und wieder zu entdecken, was Euch zusammengeführt hat.

4. Liebesbotschaft:
Erhaltet Eure Freiheit!

So wunderbar die Symbiose in der Verliebtheit und Beziehung auch sein mag. Vergesst nicht, dass es neben dem »Wir« auch noch ein »Du« und ein »Ich« gibt. Vergesst eure alten Freunde nicht und eure Hobbys, eure guten Angewohnheiten und kleinen Verrücktheiten. Als Sibylle ihren Herbert kennenlernte, stieg sie, die begeisterte Motorradfahrerin, gern auf seinen Soziussitz um. Sie verkaufte ihre Maschine, und er erstand eine größere, so richtig für zwei. Sie schmiegte sich auf ihren Touren an seine Leder-Lenden, das war supergeil (und der Sex hinterher duftete nach Freiheit und Benzin). Sie genoss die Synchronbewegungen in der Kurve, fühlte sich eins mit ihm und der Welt. Sie war stolz auf seinen rasanten Fahrstil, ach, er war einfach der Größte unter den Abenteurern der Landstraße.

Aber irgendwann merkte sie, hallo, ich will auch mal wieder fahren, frei wie der Adler, den Wind auf dem Gesicht spüren, nicht nur im Windschatten sitzen. Doch er spielte den starken Mann: »So eine große Maschine, das ist nichts für dich.« Nach zwei Jahren hatte Sibylle genug Geld zusammengespart und kaufte sich, hinter seinem Rücken, wieder eine eigene Maschine. Sonntag früh um sechs schlich sie sich aus dem Haus. Als sie auf dem Pass ihres Lieblingsbergs stand, atemlos und strahlend, rief sie ihn mit dem Handy an: »Rat mal, wo ich bin.« Herbert hat sich dann auch bald wieder beruhigt. Und jetzt fahren sie manchmal zusammen auf einem Bock, manchmal zusammen jeder auf der eigenen Maschine und manchmal jeder für sich.

Nicht nur Frauen, auch manche Männer verstehen sich wunderbar anzupassen, die eigenen Wünsche zurückzustellen, lieb zu sein. Und verlieren dabei einen Teil von sich selbst. Und irgendwann kommt die Bitterkeit: »Ich habe alles für ihn aufgegeben.« Schluchz. »Nur wegen ihr kann ich nicht mehr angeln gehen.« Schimpf.

Meine Erfahrung: Gebt eure eigenen Freunde nicht auf und nicht eure Vorlieben, und gebt dem anderen die Erlaubnis, das Gleiche zu tun. Wenn er gerne Schach spielt, muss er das nicht aufgeben, nur weil sie keine Geduld dafür hat und ihm am liebsten nach der fünften geschlagenen Figur das Schachbrett auf den Kopf hauen würde. Wenn sie gerne mit ihren Freundinnen zusammensitzt und Spaß hat, muss sie die nicht aufgeben, nur weil ihm die Haare zu Berge stehen, wenn er an diesen Hühnerhaufen nur denkt. Wenn beide unterschiedliche Temperamente haben, müssen sie sich nicht füreinander verbiegen. Meine Erfahrung: Gönnt euch regelmäßig eine »Ego-Zeit«, ein paar Stunden, ein paar Tage für euch. Und freut euch auf den Augenblick, wenn ihr den Geliebten wieder in die Arme schließen dürft.

5. Liebesbotschaft:
Geht gut auseinander, wenn es nicht anders geht!

Manchmal verlieren wir die Liebe, irgendwo unterwegs, zwischen Alltagssorgen und persönlicher Entwicklung, zwischen spannender Arbeit und Frustration, zwischen Windeln oder Schuldenlast, Gewohnheit oder Stress. Meistens bemerkt es der eine Partner eher als der andere. Oder er hat mehr Kraft, die Entscheidung zu treffen: »Es ist vorbei.« Er macht den Schritt raus aus der Komfortzone, in der die drei Affen wohnen: »Nichts sehen, nichts hören, nichts sagen.« Und er oder sie riskiert damit, der Böse zu sein, Schuld zu haben an der Trennung. »Eigentlich ging es uns doch so gut!« Wenn das Wörtchen »eigentlich« nicht wär …

Gute Gründe auseinanderzugehen:
- Man mag sich nicht mehr.
- Man versteht sich nicht mehr.
- Man beginnt den anderen zu hassen.
- Man fühlt sich eingeengt.
- Man langweilt sich zu Tode.
- Man empfindet nur noch Aggressionen.
- Man ist lieber allein als mit dem anderen.
- Man hat kein Vertrauen mehr.
- Man liebt jemand anderen mehr als den bisherigen.

Wenn wirklich alles gesagt und alles probiert ist, wenn kein Weg zurück führt und die Trennung unumgänglich ist, dann kann man den Scheidenden nur einen Rat geben: Geht im Guten auseinander. Denkt daran, dass die Jahre, in denen ihr glücklich wart, wertvoll sind. Macht nicht das Gelungene in allem Ärger zunichte. Übrigens: 85 Prozent aller Menschen, die sich trennen oder scheiden lassen, schaffen es im Guten. Nur 15 Prozent zerschneiden das gemeinsame Tuch, waschen schmutzige Wäsche und liefern sich den Rosenkrieg. Was meistens dahinter steckt: Hintergehen und Betrügen, Verletzen und Verarschen.

Für alle anderen gilt: Versucht, in Freundschaft zu gehen. Lasst euch die Ehre und wahrt die Würde, seid dankbar für die gute Zeit, die ihr miteinander gehabt habt. Und wünscht euch für die Zukunft nur das Beste. Beachtet: Auch dieser andere Mensch ist ein unperfekter Mensch in einer unperfekten Welt. Wie ihr selbst. Vor allem, wenn Kinder dabei sind, springt über Euren Schatten und bewahrt ihnen den Vater (oder die Mutter). Trickst nicht bei der Trennung, unterhöhlt nicht des anderen Autorität. Das ist der größte Liebesdienst, den ihr euch und euren Kindern tun könnt.

6. Liebesbotschaft:
Redet miteinander – und hört euch zu!

Wenn wir schon wissen, was der andere sagen wird, wenn wir etwas gesagt haben, dann haben wir verloren. Ich werde nie vergessen, wie mein kleiner Sohn vor vielen Jahren einmal zu mir sagte: »Mami, lass doch den Papi seine Sätze selbst zu Ende reden.« Er hatte recht, ich habe gar nicht mehr zugehört, sondern geglaubt zu wissen, was sein Vater sagen würde, und schon vorher meine Schlüsse gezogen. In vielen Ehen erlebe ich Ähnliches. Die Steigerung von nicht mehr zuhören ist nicht mehr miteinander reden. Die Sprachlosigkeit zerstört viele Beziehungen.

Deswegen heißt meine Erfahrung: Redet miteinander. Offen und klar, deutlich und häufig. Und legt nicht jedes Wort auf die Goldwaage. Nicht das des anderen und nicht euer eigenes. Ihr werdet gemein sein und ungerecht, ihr werdet unsachlich argumentieren und wie es euch gefällt, ihr werdet Blödsinn reden und manipulieren, ihr werdet im Unrecht sein und dem anderen das Wort im Mund verdrehen. Ja, so sind Frauen manchmal. Aber Liebe hält das aus.

Ihr werdet akzeptieren müssen, dass euer Liebster ähnliche Fehler macht: Er wird euch nicht verstehen oder vergessen, was ihr gesagt habt. Er wird ungerecht sein und ätzend, er wird im Unrecht sein und euch die Schuld geben. Er wird euch mit eurer Mutter vergleichen – welche Kränkung. Und wie sein Vater vor sich hin stieren, statt zu sagen, was ihn ärgert. Ja, so sind Männer manchmal.

Aber das alles ist kein Grund, den anderen nicht weiter zu lieben. Es ist ein Grund, mit ihm zu reden: »Ey, Mann, es stört mich, wenn du … Ich möchte nicht, dass du … Bitte sag mir, wenn du …« Und manchmal ein Grund, ihn anzuschreien: »Hör mir zu!« Reden darf streiten sein, reden darf emotional sein, reden muss nicht vernünftig sein. Und es ist alles besser als zu mauern.

Liebe darf fordernd sein und maßlos, wild und unersättlich. Liebe ist kein Rendezvous von engelsgleichen Weisen, von fehlerlosen Grundgütigen, von abgeklärten Heiligen, sondern Leben pur, Leben mit Fehlern. Der einzige Fehler, den wir darüberhinaus machen können, ist, nicht mehr miteinander zu reden. Auch wenn manche Männer das wahnsinnig macht. Sagt ihnen, dass sie beruhigt sein können, solange ihr ihnen noch auf die Nerven fallt.

7. Liebesbotschaft:
Freut euch aneinander!

Liebe ist ein Geschenk. Und der Mensch, dessen Liebe euch trifft, ist ein Geschenk. Und die gute Zeit, die ihr miteinander verbringt, ist ein Geschenk. Und die Zeit, in denen ihr euch ärgert und lernt und reift, ist ein Geschenk. Zeigt euch dankbar für dieses Geschenk und flucht ruhig ab und zu darüber. Der liebe Gott hat Männer und Frauen geschaffen, damit sie sich aneinander erfreuen können, davon bin ich überzeugt. Wussten Sie, dass das Wort »Team« im Altenglischen ursprünglich »ein Mann und eine Frau« bedeutet hat?

Und als Team sollten wir uns begreifen. Manchmal ist es ein wechselndes Team, wie in der Formel eins: Fahrer A wechselt in der nächsten Saison zum Rennstall B. Dafür wird C Teamkollege von D. Was eine Saison gehalten hat, geht manchmal nicht weiter. Es gab zu viel Konkurrenz untereinander, oder die Chemie stimmte nicht. Dann ist es besser zu wechseln.

Manchmal ist es wie bei einem Eislaufpaar. Es ging einige Jahre richtig gut, sie eine strahlende Schönheit, er ein Kraftpaket, der sie zu halten wusste. Sie feierten rauschende Erfolge, standen im Rampenlicht und wurden von anderen beneidet. Doch manchmal geht es zu Ende, weil sie gewachsen ist – und er ihr nicht mehr gewachsen ist. Dann kann er sie nicht mehr halten, und sie braucht einen stärkeren Partner.

Manchmal sind Paare wie Hans-Günther Winkler und seine Wunderstute Halla. Sie verstanden sich blind, ein kurzer Schenkeldruck von ihm, und sie sprang sicher über jede Hürde. Sie fraß ihm aus der Hand, und er konnte sich hundertprozentig auf sie verlassen. Als der Reiter einmal mit einer Verletzung antrat und ihr keine Hilfen mehr geben konnte, übernahm sie selbstständig die Führung und brachte ihn gut über den Parcours. Sie gewannen Olympia-Gold.

Und manchmal sind Paare wie Gerhard Delling und

Günter Netzer, die beiden Fußballmoderatoren. Sie schätzen sich, sie necken sich, sie brauchen sich, sie streiten sich, sie fühlen sich zueinander hingezogen, sie halten Distanz, sie kommen sich nah, sie siezen sich, sie können sich aufeinander verlassen, sie können nicht ohne einander, der eine macht den anderen groß. Und die beiden werden wohl noch Goldene Moderatoren-Hochzeit feiern.

Liebe ist ein Himmelsgeschenk, mit dem wir sorgsam umgehen müssen. Sie kommt oft überraschend und beglückend, sie geht manchmal schleichend und traurig. Und manchmal müssen wir lange warten, bis sie uns wieder streift. Ich habe in meinem Leben alles gehabt: eine lange Ehe (fast 30 Jahre) mit zwei wunderbaren Kindern, fünf Jahre Alleinsein und Selbstfindung (war auch eine schöne Zeit), und seit anderthalb Jahren eine neue große Liebe (ja, so etwas gibt es). Und ich kann für mich feststellen: Was war, war gut. Auch wenn es nicht nur glückliche Zeiten gab. Denn egal, ob allein oder zu zweit – in der Rückschau kann ich sagen: Liebe hat mich immer begleitet.

Liebe Leserin, ich wünsche Ihnen, dass Sie einen guten Liebespartner finden, haben und behalten. Nehmen Sie ihn als Geschenk (und sagen Sie es ihm mal wieder). Falls die Liebe gerade Pause hat, verzweifeln Sie nicht, nehmen Sie die Liebe wahr, die es um Sie herum und für Sie gibt, auch wenn sie manchmal in einer schwächeren Form auftritt. Und seien Sie bereit für eine neue Liebe.

Lieben Sie wild und unersättlich!

Dank

Ich liebe dich, S.

Tests und Liebesgeschichten finden Sie auf der Website
www.liebe-wild-und-unersaettlich.de

Informationen über Sabine Asgdom auf www.asgodom.de

Quellenangaben

1 Franz Thurmaier: Persönliche Mitteilung und zitiert nach *Ehe-Training: Ein besseres Wir-Gefühl. Weniger Distanz – mehr Nähe.* Journal für die Frau 2003. Und: Engl, J. & Thurmaier, F.: *KOMKOM – Kommunikationskompetenz – Training in der Paarberatung. Kurz- und langfristige Effekte. Projektbericht.* München: Institut für Forschung und Ausbildung in Kommunikationstherapie, 2004

2 Letitia Peplau: *Disclosure patterns within social networks of gay men and lesbians.* In: Kristin P. Beals & Letitia Anne Peplau: *J Homosex.* Vol. 51, 2006, Issue 2, Seite 101–102

3 Shlomo A. Sharlin, Florence Whiteman Kaslow und Helga Hammerschmidt: *Together Through Thick and Thin: A Multinational Picture of Long-Term Marriages.* Hawort Press Inc. 2000

4 *Close relationship – a sourcebook.* Sage Publications 2000

5 S.L. Gable, G. Gonzaga & A. Strachman: *Will you be there for me when things go right? Social Support for Positive Events.* In: Journal of Personality and Social Psychology, 91, 2006, Seite 904–917

6 Klausbernd Vollmar & Cal Cannon: *Der Liebesvertrag. Glückliche Partnerschaften mit dem Liebesvertrag.* Verlag Iris Bücher 2004

7 Patricia Noller: *Bringing it all together: A theoretical approach.* The Cambridge Handbook of Personal Relationships, Cambridge University Press 2006, Seite 769–789

8 *International Journal of Sociology of the Family,* Vol. 25

9 Steven Reiss: *Who Am I? The 16 Basic Desires That Motivate Our Action and Define Our Personalities.* Tarcher/Putnam, New York 2000

10 *Journal of Behavior and Personality,* 2/95

11 John M. Gottman & Nan Silver: *Die 7 Geheimnisse der glücklichen Ehe.* Ullstein, Berlin 2002

12 Wilhelm Reich: *Sexual-Erregung/-Befriedigung und Beantwortung sexueller Fragen,* Münster-Verlag (Dr. Arnold Deutsch), Wien II, Genossenschafts-Buchdruckerei, Wien, 1929

13 Sexmangel führt oft zu Arbeitswut – Bericht über die Sexualforschung von Dr. Ragnar Beer an der Uni Göttingen in: TAZ, Sonderausgabe: Das TAZ-Medienexperiment, 11.9.2007

14 Celia Roberts et al.: *Faking it : The Story of »Ohh!«* In: *Women's Studies International Forum,* Volume 18, Issues 5–6, September – December 1995

15 Streitregeln – aufgestellt von *The Conflict Resolution Institute* an der University of Denver, Denver, Colorado (USA). Die Regeln liegen in verschiedenen Formulierungen vor.

16 Die Studie des Deutschen Jugendinstituts wurde publiziert unter dem Titel: Wunderer, E. von: *Partnerschaft zwischen Anspruch und Wirklichkeit.* Weinheim: Beltz PVU, 2003

17 Fletcher, Garth J.O. (in press): *Close relationships.* In: Vohs, Kathleen D. & Baumeister, Roy F. (Eds.): *Encyclopedia of Social Psychology,* Sage Publications 2007.
   Fletcher, Garth J.O. (in press): *Through the eyes of love: Reality and illusion in intimate relationships.* In: Forgas, Joseph P. & Fitness, Julie (Eds): *Social relationships: Cognitive, affective and motivational processes.* Cambridge University Press 2008

Songs und Gedichte

S. 36 f. »What a Difference a Day Made«; Musik/Text: Maria Grever/ Stanley Adams; © by Edward B. Marks Music Company/Edition Jupiter Ralph Siegel KG; SVL: Chappell und Co. GmbH & Co.KG

S. 68 f. »Everybody Loves Somebody«; Musik/Text: Irving Taylor/Ken Lane; © 1948 by Sands Music, Inc./Chappell Morris LTD.; SVL: Chappell und Co. GmbH & Co.KG

S. 80 f. Erich Fried »Was es ist« aus *Es ist wie es ist;* © Verlag Klaus Wagenbach, Berlin 1983

S. 142 Stand by Your Man; Text & Musik: Bill Sherrill/Tammy Wynette; © 1968 by Al Gallico Music Corp. – für D, A, CH by Edition Intro Meisel GmbH

S. 193 »Weus'd a Herz hast wia a Bergwerk«; Text und Musik: Rainhard Fendrich; © GEDUR Musikverlag GmbH

S. 209 Jorge Bucay »Ich will …« aus *Geschichten zum Nachdenken;* © 2006 by Ammann Verlag & Co., Zürich

Literatur

Asgodom, Sabine: *Lebe wild und unersättlich. 10 Freiheiten für Frauen, die mehr vom Leben wollen.* Kösel-Verlag, 11. Aufl. 2010.

Béjar, de Sylvia: *Warum noch darauf warten? Sextipps für Frauen.* dtv 2003

Brockert, Siegfried: *Du sollst dich lieben. Das neue Menschenbild der Positiven Psychologie.* C. Bertelsmann, 2002.

Brockert, Siegfried: *Positive Psychologie. Gesund und glücklich durch Emotionale Fitness.* Kreuz, 2001.

Bucay, Jorge: *Komm, ich erzähl dir eine Geschichte.* Ammann Verlag 2005

Fromm, Erich: *Die Kunst des Liebens.* Ullstein, 2005.

Jampolsky, Gerald G.: *Lieben heißt, die Angst verlieren.* Goldmann, 2005

Jung, Mathias: *Ich liebe dich. Nur nicht grad jetzt: Große Liebe, kleine Krisen.* Herder, 2003.

Onken, Julia/Jung, Mathias: *Liebes-Pingpong. Was Mann und Frau voneinander lernen können.* Goldmann, 2010.

Satir, Virginia: *Mein Weg zu dir. Kontakt finden und Vertrauen gewinnen.* Kösel-Verlag, 7. Aufl. 2012.

Schellenbaum, Peter: *Aggression zwischen Liebenden. Ergriffenheit und Abwehr in der erotischen Erfahrung.* dtv, 2002.

Schneider, Stephanie: *Wenn es leicht ist, ist es Liebe. Betriebsanleitung für ein Leben zu zweit.* Goldmann, 2010.

Schwarz-Schilling, Alexandra/Müller, Christin: *Zu zweit. Beziehungscoaching für Singles und Paare.* Orlanda, 2006.

Seligman, Martin E.P.: *Der Glücks-Faktor. Warum Optimisten länger leben.* Ehrenwirth, 2002.

Wallerstein, Judith S.: *Gute Ehen. Wie und warum die Liebe dauert.* Beltz, 2004.

Register